THÉATRE COMPLET

DE

ALEX. DUMAS

XXII

L'HONNEUR EST SATISFAIT
LE ROMAN D'ELVIRE
L'ENVERS D'UNE CONSPIRATION

NOUVELLE ÉDITION

PARIS
MICHEL LÉVY FRÈRES, ÉDITEURS
RUE AUBER, 3, PLACE DE L'OPÉRA
—
LIBRAIRIE NOUVELLE
BOULEVARD DES ITALIENS, 15, AU COIN DE LA RUE DE GRAMMONT
—
1874
Droits de reproduction et de traduction réservés

COLLECTION MICHEL LÉVY

ŒUVRES COMPLÈTES
D'ALEXANDRE DUMAS

THÉATRE

XXII

OEUVRES COMPLÈTES D'ALEXANDRE DUMAS
PUBLIÉES DANS LA COLLECTION MICHEL LÉVY

Acté.	1
Amaury.	1
Ange Pitou.	2
Ascanio.	2
Une Aventure d'amour.	1
Aventures de John Davys.	2
Les Baleiniers.	2
Le Bâtard de Mauléon.	3
Black.	1
Les Blancs et les Bleus.	3
La Bouillie de la comtesse Berthe.	1
La Boule de neige.	1
Bric-à-Brac.	2
Un Cadet de famille.	3
Le Capitaine Pamphile.	1
Le Capitaine Paul.	1
Le Capitaine Rhino.	1
Le Capitaine Richard.	1
Catherine Blum.	1
Causeries.	2
Cécile.	1
Charles le Téméraire.	2
Le Chasseur de Sauvagine.	1
Le Château d'Eppstein.	2
Le Chevalier d'Harmental.	2
Le Chevalier de Maison-Rouge.	2
Le Collier de la reine.	3
La Colombe. — Maître Adam le Calabrais.	1
Le Comte de Monte-Cristo.	6
La Comtesse de Charny.	6
La Comtesse de Salisbury.	2
Les Compagnons de Jéhu.	3
Les Confessions de la marquise.	2
Conscience l'Innocent.	2
Création et Rédemption. — Le Docteur mystérieux.	2
— La Fille du Marquis.	2
La Dame de Monsoreau.	3
La Dame de Volupté.	2
Les Deux Diane.	3
Les Deux Reines.	2
Dieu dispose.	2
Le Drame de 93.	3
Les Drames de la mer.	1
Les Drames galants. — La Marquise d'Escoman.	2
La Femme au collier de velours.	1
Fernande.	1
Une Fille du régent.	1
Filles, Lorettes et Courtisanes.	1
Le Fils du forçat.	1
Les Frères corses.	1
Gabriel Lambert.	1
Les Garibaldiens.	1
Gaule et France.	1
Georges.	1
Un Gil Blas en Californie.	1
Les Grands Hommes en robe de chambre : César.	2
— Henri IV, Louis XIII, Richelieu.	2
La Guerre des femmes.	2
Histoire d'un casse-noisette.	1
Les Hommes de fer.	1
L'Horoscope.	1
L'Ile de Feu.	2
Impressions de voyage : En Suisse.	3
— Une Année à Florence.	1
— L'Arabie Heureuse.	3
— Les Bords du Rhin.	2
— Le Capitaine Aréna.	1
— Le Caucase.	3
— Le Corricolo.	2
— Le Midi de la France.	2
— De Paris à Cadix.	2
— Quinze jours au Sinaï.	1
— En Russie.	4
— Le Speronare.	2
— Le Véloce.	2
— La Villa Palmieri.	1
Ingénue.	2
Isabel de Bavière.	2
Italiens et Flamands.	2
Ivanhoe de Walter Scott (traduction)	2
Jacques Ortis.	1
Jacquot sans Oreilles.	1
Jane.	1
Jehanne la Pucelle.	1
Louis XIV et son Siècle.	4
Louis XV et sa Cour.	2
Louis XVI et la Révolution.	2
Les Louves de Machecoul.	3
Madame de Chamblay.	2
La Maison de glace.	2
Le Maître d'armes.	1
Les Mariages du père Olifus.	1
Les Médicis.	1
Mes Mémoires.	10
Mémoires de Garibaldi.	2
Mémoires d'une aveugle.	2
Mémoires d'un médecin : Balsamo.	5
Le Meneur de loups.	1
Les Mille et un Fantômes.	1
Les Mohicans de Paris.	4
Les Morts vont vite.	2
Napoléon.	1
Une Nuit à Florence.	1
Olympe de Clèves.	3
Le Page du duc de Savoie.	2
Parisiens et Provinciaux.	1
Le Pasteur d'Ashbourn.	2
Pauline et Pascal Bruno.	1
Un Pays inconnu.	2
Le Père Gigogne.	1
Le Père la Ruine.	2
Le Prince des Voleurs.	2
La Princesse de Monaco.	2
La Princesse Flora.	1
Les Quarante-Cinq.	3
La Régence.	1
La Reine Margot.	2
Robin Hood le Proscrit.	2
La Route de Varennes.	1
Le Saltéador.	1
Salvator (suite des Mohicans de Paris).	5
Souvenirs d'Antony.	1
Les Stuarts.	1
Sultanetta.	1
Sylvandire.	1
La Terreur prussienne.	2
Le Testament de M. Chauvelin.	1
Théâtre complet.	25
Trois Maîtres.	1
Les Trois Mousquetaires.	1
Le Trou de l'enfer.	2
La Tulipe noire.	1
Le Vicomte de Bragelonne.	6
La Vie au Désert.	2
Une Vie d'artiste.	1
Vingt Ans après.	3

L'HONNEUR
EST SATISFAIT

COMÉDIE EN UN ACTE

Gymnase-Dramatique. — 19 juin 1858.

DISTRIBUTION

ARTHUR DE VALGENCEUSE, lieutenant de chasseurs.........	MM.	Dieudonné.
SIR EDWARD, jeune Anglais.................		Landrol.
RIGAUDY................................		Blaisot.
DURAND, maître d'hôtel....................		Georges.
LOUIS, garçon d'hôtel.....................		Numa fils.
JOHN, domestique de sir Edward.............		Priston.
MADAME RIGAUDY.........................	Mme	Georgina.
EDMÉE, sœur d'Arthur.....................	Mlles	Blocu.
MARIE, femme de chambre..................		Rosa Didier.
JEANNETTE, servante d'hôtel................		Constance.
Officiers, Commissionnaires.		

A Strasbourg. — Le carré du premier étage, à l'hôtel d'*Angleterre*, avec trois chambres s'ouvrant sur le carré. — A droite, le n° 5. A gauche, les n°s 6 et 7. Le 7 est au premier plan, le 6 au second. Au deuxième plan de droite, escalier.

SCÈNE PREMIÈRE

LOUIS, puis ARTHUR, puis JEANNETTE.

LOUIS, frappant au n° 7.

Monsieur Arthur!... monsieur Arthur!... vous savez qu'il est sept heures moins un quart, et que le chemin de fer de Paris part à sept heures.

ARTHUR, sortant de sa chambre.

Me voilà.

LOUIS.

Et vos bagages?

ARTHUR.

Les bagages d'un lieutenant de chasseurs!... (Lui jetant son portemanteau.) Tiens, les voilà, mes bagages. La note!...

LOUIS.

M. Durand vous la donnera en descendant... Et en voilà pour combien de temps, monsieur Arthur?

ARTHUR.

Pour trois mois.

(Il sort par l'escalier. — On sonne dans la chambre n° 5.)

LOUIS.

Jeannette! Jeannette!

JEANNETTE, entrant par l'escalier.

Eh bien?

LOUIS.

Vite au n° 5; dans cinq minutes, l'omnibus d'Allemagne va arriver.

(On sonne au n° 6.)

JEANNETTE, allant au n° 7.

Bon! on sera prête.

(On sonne au n° 5.)

ARTHUR, de l'escalier.

Ah çà! viendras-tu, flâneur? Tu vas me faire manquer le chemin de fer.

SCÈNE II

LES MÊMES, RIGAUDY.

RIGAUDY, ouvrant la porte du n° 5, la figure tout ensavonnée.

Mais viendra-t-on quand je sonne?

LOUIS, s'en allant.

Vous le voyez, monsieur, j'y vas.

(Jeannette sort du n° 7.)

RIGAUDY.

De l'eau chaude!

LOUIS.

On vous en monte.

(Il disparaît par l'escalier.)

SCÈNE III

Les Mêmes, MADAME RIGAUDY.

MADAME RIGAUDY, sortant du n° 6.

Mais vous n'entendez donc pas, mademoiselle?

JEANNETTE.

Si fait, madame, puisque vous me trouvez à votre porte.

MADAME RIGAUDY.

De l'eau froide !

JEANNETTE.

Dans un instant, madame...

(Elle descend l'escalier.)

SCÈNE IV

Les Mêmes, RIGAUDY.

RIGAUDY, reparaissant sur le seuil de sa porte.

Plaît-il, bébelle?...

MADAME RIGAUDY.

C'est l'eau froide qui a maintenu Diane de Poitiers belle jusqu'à soixante ans.

RIGAUDY.

Ce qui fait que vous avez encore quinze ans à être belle, madame Rigaudy.

MADAME RIGAUDY.

Vingt ans, monsieur, s'il vous plaît !

RIGAUDY.

Quinze ou vingt ans, peu importe... Qui a terme ne doit rien, comme nous disons dans le commerce...

(Il veut l'embrasser.)

MADAME RIGAUDY.

Eh bien, vous allez m'embrasser dans cet état-là?

RIGAUDY.

C'est vrai... Garçon, des serviettes!...

LOUIS.

Voilà l'eau chaude, monsieur.

(Il entre au n° 5.)

MADAME RIGAUDY.

L'eau chaude! c'est cela qui vous fane, Hector!

RIGAUDY.

Que voulez-vous! c'est la faute de ma nourrice, qui me débarbouillait toujours avec de l'eau tiède.

(Il rentre.)

JEANNETTE.

Voilà l'eau froide, madame!

MADAME RIGAUDY.

A la bonne heure!

(Elle rentre.)

VOIX D'HOMME, au second.

Garçon!

LOUIS, sortant du n° 5.

Monsieur?

LA VOIX D'HOMME.

Le barbier!

LOUIS.

A l'instant.

(Il se précipite dans les escaliers.)

VOIX DE FEMME.

Mademoiselle!

JEANNETTE.

Que désire madame?

LA VOIX DE FEMME.

Le coiffeur.

JEANNETTE.

On va le prévenir.

(Elle entre au n° 6, et la scène reste vide.)

MADAME RIGAUDY, de sa chambre.

Pourrai-je compter sur vous pour me lacer, monsieur Rigaudy?

RIGAUDY, de sa chambre.

Avec le plus grand plaisir, madame... (Il passe sa tête par la porte.) Oh! des dames!...

(Il ferme sa porte. — Madame Rigaudy ferme la sienne. — Durand, le maître d'hôtel, paraît au haut de l'escalier avec Edmée et Marie.)

SCÈNE V

DURAND, EDMÉE, MARIE, DEUX COMMISSIONNAIRES, puis JEANNETTE.

EDMÉE, entrant vivement, suivie de sa femme chambre.
Tu es sûre qu'il ne nous a pas suivies cette fois?

MARIE.
Oh! oui, madame, j'en suis sûre!

EDMÉE.
Je respire!... C'est ici que vous avez l'intention de nous loger?...

DURAND.
Non, madame; ceci, c'est le carré... Mais le n° 7 doit être vacant. Jeannette! Jeannette!

JEANNETTE, sortant de chez madame Rigaudy.
Voilà, monsieur!

DURAND.
Le n° 7 est-il prêt?

JEANNETTE.
Oui, monsieur...
(Elle tire une clef de sa poche et ouvre le n° 7.)

DURAND.
J'eusse été obligé de vous loger au second ou au troisième étage, tandis qu'ici vous n'avez que dix-huit marches à monter... Ce balcon donne sur la rue... (Aux Commissionnaires.) Portez les bagages de madame au n° 7.

EDMÉE, à Marie, qui suit les Commissionnaires.
Tu regarderas par la fenêtre avec précaution, de manière à voir, mais à ne pas être vue.

MARIE.
Oh! soyez tranquille, madame!

SCÈNE VI

EDMÉE, DURAND.

EDMÉE.
D'après ce que vous me dites, monsieur, il y aurait d'autres chambres vacantes dans votre hôtel?...

DURAND.

Oh! oui, madame.

EDMÉE.

Combien y en a-t-il, monsieur?

DURAND.

Combien il y a de chambres vacantes?...

EDMÉE.

Oui.

DURAND.

Dans l'hôtel?...

EDMÉE.

Oui, je vous prie.

DURAND.

Jeannette, combien de chambres vacantes dans l'hôtel?...

JEANNETTE.

Dame, monsieur, comptez; au second : le 12, le 18, le 24.

EDMÉE, comptant.

Trois.

DURAND.

Et à l'étage au-dessus?...

JEANNETTE.

Le 30, le 31 et le 35.

EDMÉE.

Six.

JEANNETTE.

Je ne compte pas les mansardes.

EDMÉE.

Si fait! comptez-les, mademoiselle. (A part.) Il est capable de tout!

JEANNETTE.

Ce sont des chambres de domestiques, madame...

EDMÉE.

Comptez-les toujours.

JEANNETTE.

Deux : le 47 et le 51.

EDMÉE.

Huit en tout!

DURAND.

Oui, madame, huit.

(Jeannette sort par l'escalier.)

EDMÉE.

Monsieur, je vous retiens ces huit chambres.

DURAND.

Toutes les huit?

EDMÉE.

Toutes les huit, oui, monsieur.

DURAND.

Mais, madame...

EDMÉE.

Oh! pas d'observations, monsieur, ou je quitte l'hôtel.

DURAND.

J'en serais trop désespéré, madame.

EDMÉE.

Alors, les huit chambres sont à moi?

DURAND.

Les huit chambres sont à vous.

EDMÉE.

De cette façon, vous ne recevrez personne dans l'hôtel?

DURAND.

A moins que des voyageurs ne partent.

EDMÉE.

Je reprends les chambres à mesure qu'ils repartiront.

DURAND.

Cependant, madame, si tout l'hôtel devient libre?

EDMÉE.

Eh bien, je prends tout l'hôtel, et, s'il en est besoin, eh bien, monsieur, je paye d'avance.

(Elle lui présente sa bourse.)

DURAND.

Il n'est point nécessaire, madame.

EDMÉE.

Ainsi, c'est convenu?

DURAND.

Que madame m'explique bien ce qui est convenu.

EDMÉE.

A partir de ce matin, jusqu'à demain à la même heure, vous ne recevrez personne dans l'hôtel.

DURAND.

Personne, c'est convenu!...

SCÈNE VII

Les Mêmes, MARIE et les Commissionnaires, sortant du n° 7.

MARIE.

La !

EDMÉE, à Marie.

As-tu regardé par la fenêtre ?...

MARIE.

Oui.

EDMÉE.

Tu n'as rien vu ?

MARIE.

Rien.

(Elle rentre au n° 7.)

EDMÉE, la suivant.

Ah ! s'il pouvait avoir perdu ma trace !...

SCÈNE VIII

Les Mêmes, JOHN, montrant sa tête au haut de l'escalier, tenue de groom anglais.

JOHN.

Very well !...

(Il disparaît.)

SCÈNE IX

EDMÉE, DURAND.

EDMÉE, se retournant.

Hein ?...

DURAND.

Plaît-il, madame ?

EDMÉE.

Oh ! mon Dieu !...

DURAND.

Qu'y a-t-il ?...

EDMÉE, effrayée.

Je croyais avoir entendu... Vous n'avez pas entendu, vous?...

DURAND.

Quoi?...

EDMÉE.

Very well, monsieur! *very well!...*

DURAND.

Je n'ai rien entendu, madame. (A lui-même.) Serait-elle folle?... Quel dommage! une si jolie personne!...

EDMÉE.

Alors, ce sont les oreilles qui me tintent, monsieur.

DURAND.

Madame...

EDMÉE.

Le 7e chasseurs est toujours en garnison à Strasbourg?...

DURAND.

Toujours, madame.

EDMÉE.

Seriez-vous assez bon pour vous informer d'un jeune lieutenant?...

DURAND.

Ah! madame a des connaissances dans le 7e chasseurs?

EDMÉE.

Oui, monsieur; j'y connais mon frère, M. Arthur de Valgenceuse.

DURAND.

Ah! madame joue de malheur : il est parti depuis un quart d'heure seulement.

EDMÉE.

Parti?...

DURAND.

En congé.

EDMÉE.

Êtes-vous sûr?

DURAND.

Il logeait justement au n° 7, dans la chambre que madame reprend.

EDMÉE.

Alors, moi aussi, je pars... Marie!

1.

MARIE, sur la porte.

Madame ?

EDMÉE.

Nous partons.

DURAND.

Pour quel pays ?...

EDMÉE.

Pour Paris.

DURAND.

Rien de mieux. Mais madame ne peut plus partir que par le train de huit heures du soir.

EDMÉE.

Ah ! mon Dieu !

MADAME RIGAUDY, dans sa chambre.

Rigaudy ! Rigaudy !

SCÈNE X

LES MÊMES, RIGAUDY, traversant la scène.

RIGAUDY.

Me voilà !... (Regardant Edmée.) Charmante personne !...

(Il entre chez madame Rigaudy.)

SCÈNE XI

LES MÊMES, hors RIGAUDY.

EDMÉE.

Huit heures du soir !... Mais, d'ici là, que deviendrai-je ?

DURAND.

Une journée est bientôt passée. Nous avons la cathédrale, nous avons le musée, nous avons...

EDMÉE, agitée, passant devant lui.

Vous ne m'avez pas comprise, monsieur.

DURAND.

Parce que madame ne s'est pas expliquée...

EDMÉE, se parlant à elle-même.

Sortir... sortir... Je m'en garderai bien !... Marie !...

(Marie se présente : elle lui parle bas.)

DURAND.

Mais enfin, madame ne peut-elle me dire ce qui l'inquiète, ce qui la tourmente à ce point?...

EDMÉE.

Il faut bien que je vous le dise, monsieur, puisque, mon frère n'étant plus ici, je n'ai personne à qui confier ma sotte position.

DURAND.

Je vous écoute, madame, et, si je puis vous être bon à quelque chose...

EDMÉE.

Sans doute, vous le pouvez monsieur; ma tranquillité dépend de vous...

DURAND.

Si elle dépend de moi, elle est parfaitement assurée.

(Marie, qui avait remonté, descend à droite.)

EDMÉE.

Imaginez-vous, monsieur... Mais, en vérité, je ne sais comment vous dire cela... C'est trop ridicule !...

DURAND.

Ridicule?...

EDMÉE.

Sans doute; il est toujours ridicule à une femme de dire...

DURAND.

Quoi?...

MARIE.

Bon!... qu'un homme est amoureux d'elle?... Allez donc, madame! cela se comprendra, et de reste...

DURAND.

Facilement, même.

EDMÉE.

Seulement, celui qui est amoureux de moi, l'est d'une si singulière façon...

MARIE.

Dame, c'est un Anglais. Il ne peut pas être amoureux comme tout le monde...

EDMÉE.

Au reste, quand je dis amoureux, je n'en sais vraiment rien.

DURAND.

Alors, il n'a pas fait l'aveu de son amour à madame?...

EDMÉE.

Jamais il ne m'a adressé la parole.

DURAND.

Comment madame sait-elle donc...?

MARIE.

Avec cela qu'il y a à s'y tromper!... Madame était aux eaux d'Ostende, bien tranquille, lorsqu'un beau matin, le paquebot d'Angleterre nous débarque notre homme. Le lendemain, il rencontre madame sur la plage...

DURAND.

Et la figure de madame fait son effet... J'avoue à madame que je ne vois rien de bien extraordinaire dans tout cela.

EDMÉE.

Enfin, tant il y a, monsieur, qu'à partir de ce jour, il n'y a plus eu un instant de repos pour moi. Je ne pouvais pas faire un pas que je ne le rencontrasse. Dans la rue, sur la plage, à la maison de Conversation, partout sir Edward! Le matin, le soir, le jour, la nuit, sir Edward toujours! Je résolus de quitter Ostende, dont cette obsession me rendait le séjour insupportable; mais, quoique je n'eusse fait part de ma résolution à personne, quoique mon départ, décidé le soir, s'effectuât le matin, il en était prévenu...

DURAND.

Oh! madame comprendra... Ces diables d'Anglais sont si riches, qu'il n'y a pas de secrets pour eux... Et il vous a suivie?...

EDMÉE.

Mais vous allez voir... avec rage!... A peine installée dans mon wagon, je le vois sortir de la salle d'attente. Il passa tout le train en revue et me fit l'honneur de donner la préférence au wagon que j'avais choisi.

DURAND.

Cela prouve qu'il a les mêmes goûts que madame.

EDMÉE.

J'en eus de cette première fois jusqu'à Cologne.

MARIE.

Et tout cela, sans dire une seule parole, notez bien.

EDMÉE.

A Cologne, je pris une voiture de place, et j'indiquai à mon cocher l'hôtel de la *Poste*, c'est-à-dire l'hôtel le plus éloigné du chemin de fer. J'espérais le dérouter. Dix minutes après mon arrivée, il était installé sur le même palier que moi. Je quittai Cologne à quatre heures du matin, sans avoir fait le moindre bruit, sans avoir dérangé une chaise, sans que ma porte eût crié... J'avais pris le bateau de quatre heures du matin, espérant qu'à une pareille heure, il ne serait pas éveillé... Cinq minutes après moi, sir Edward était sur le bateau.

DURAND.

En vérité! une semblable persistance...

EDMÉE.

Est insupportable, avouez-le... A Mayence, même jeu... Je descends à l'hôtel du *Rhin*... On me donne le n° 12... Sir Edward me suivait et prend le n° 13. Le lendemain, je pars par le premier train. Je prends un coupé pour moi toute seule; il loue le coupé en face, de sorte que, de Mayence à Mannheim, je ne l'ai pas perdu de vue un seul instant. Enfin, à Mannheim, je me rappelle l'adresse d'une amie de pension : je me fais conduire chez elle, je lui conte mes tribulations. Elle me donne son cocher et sa voiture, me fait sortir par une porte de derrière donnant sur une autre rue que celle par laquelle je suis entrée. Nous faisons dix lieues dans la nuit, je couche dans une espèce de village, je pars par le premier convoi, et j'arrive à Strasbourg, où je croyais trouver mon frère, bien décidée à me mettre sous sa protection... Point! — Mon frère est parti un quart d'heure avant mon arrivée. Par bonheur, je n'ai pas revu sir Edward, et, cette fois, j'espère bien qu'il m'a perdue...

DURAND.

C'est probable.

EDMÉE.

En tout cas, je compte sur votre promesse... Vous n'avez plus une seule chambre vacante dans votre hôtel, n'est-ce pas?

DURAND.

Pas une.

EDMÉE.

Je les ai bien retenues toutes?...

DURAND.

Toutes, madame...

EDMÉE.

Et si un voyageur, quel qu'il soit, se présente...?

DURAND.

Porte close.

EDMÉE, se dirigeant vers sa chambre.

J'y compte, monsieur, songez-y!...

DURAND.

Madame a ma parole. Seulement, il n'y aurait pas de mal à ce qu'elle me donnât le signalement de celui qui la poursuit...

EDMÉE.

Oh! il est bien facile à reconnaître... Taille moyenne, blond, teint rose, les yeux bleus, mise élégante, vingt-six ou vingt-huit ans, l'air timide, suivi ou précédé d'un domestique anglais pur sang...

DURAND.

Mais, si le signalement que madame me fait l'honneur de me donner est exact, sir Edward ne doit pas être si laid!

EDMÉE.

Je ne vous ai pas dit qu'il fût laid. Je vous ai dit qu'il était importun... C'est bien pis! Venez, Marie.

(Elle sort.)

SCÈNE XII

DURAND, RIGAUDY, traversant la scène.

RIGAUDY, regardant Edmée.

Personne charmante!...

DURAND.

N'est-ce pas?...

RIGAUDY.

Arrivée ce matin?...

DURAND.

A l'instant même..

RIGAUDY.

Et qui fait séjour dans votre hôtel?

DURAND.

Qui part ce soir...

RIGAUDY.

Ce soir?... Ah! tant pis! tant pis! tant pis!...

(Il rentre chez lui.)

SCÈNE XIII

DURAND, puis LOUIS.

DURAND.

Bon ! est-ce que celui-ci aurait aussi des velléités de devenir amoureux?... Oh!... mais... que dirait madame Rigaudy?...

LOUIS, entrant.

Monsieur ! monsieur ! descendez donc !...

DURAND.

Qu'y a-t-il ?

LOUIS.

Il y a un Anglais qui ne veut pas nous croire, quoique nous lui disions que toutes les chambres sont louées. Eh ! tenez, voilà son domestique.

(John paraît, chargé de paquets.)

DURAND.

Fais-lui entendre raison ; je me charge du maître.

(Il sort.)

SCÈNE XIV

LOUIS, JOHN.

JOHN, déposant ses bagages devant la porte de Rigaudy.

Ah!... *very well!*...

LOUIS.

Dites donc, l'ami, vous savez que vous vous trompez?...

JOHN.

Very well!

LOUIS, plus haut.

Qu'il n'y a plus de place à l'hôtel d'*Angleterre ?*

JOHN.

Very well!

(Il va examiner les portes 6 et 7.)

LOUIS, plus haut encore.

De sorte qu'il est impossible que vous y restiez?...

JOHN.

Very well!

LOUIS, criant.

Comprenez-vous?...

JOHN.

Very well!

LOUIS.

Oh! l'enragé!... Ah! voilà monsieur, par bonheur!

(Il sort après l'entrée d'Edward.)

SCÈNE XV

JOHN, DURAND, SIR EDWARD.

DURAND.

Mais puisque j'ai l'honneur de dire à milord qu'il ne reste pas une seule chambre...

SIR EDWARD, accent anglais, mais sans charge.

Oh! cela ne fait rien.

DURAND.

Mais si, cela fait quelque chose : cela fait qu'il est impossible de loger milord...

SIR EDWARD.

Je suis très-accommodant.

DURAND.

Milord voudra donc bien prendre la peine de chercher un autre hôtel...

SIR EDWARD.

Je préfère celui-ci.

DURAND.

Cependant, milord... puisqu'il n'y a pas de place.

SIR EDWARD, déposant son chapeau et son paletot.

Vous voyez bien qu'il y en a...

DURAND.

Où?...

SIR EDWARD.

Ici.

DURAND.

Ici? Mais c'est un couloir, milord.

SIR EDWARD.

Oh! cela n'y fait rien.

DURAND.

Je serais désespéré que milord me forçât de recourir à des extrémités.

SIR EDWARD.

Recourez.

DURAND.

De m'adresser à la police.

SIR EDWARD.

La police me donnera raison.

DURAND.

Elle donnera raison à milord?...

SIR EDWARD.

Oui.

DURAND.

Et comment cela?

SIR EDWARD.

Il y a, sur votre maison, une grande planche, avec ces mots écrits en lettres dorées : *Hôtel d'Angleterre*... Je suis Anglais ; donc, vous devez me loger...

JOHN.

Very well !

DURAND.

Very well ! very well! Mon ami, c'est très-bien ; mais milord ne peut pas loger dans un couloir !

SIR EDWARD.

Pourquoi pas?

DURAND.

Mais il n'y a pas de lit.

SIR EDWARD.

Je dormirai sur un chaise.

DURAND.

Pas de table!

SIR EDWARD.

Je mangerai sur le pouce!...

DURAND.

Mais milord sera très-mal.

SIR EDWARD.

Qu'importe, si je paye comme si j'étais très-bien!...

DURAND.

Milord consentirait à payer ce couloir?...

SIR EDWARD.

Dix louis par jour.

DURAND.

Mais, milord, dix louis par jour pour un couloir...

SIR EDWARD.

Voilà pour le premier jour.

DURAND.

Milord, je suis vraiment honteux...

SIR EDWARD.

Oh! cela ne fait rien. John, déballez.

DURAND.

Ma foi, la dame a retenu les chambres, mais pas les couloirs : qu'ils s'arrangent comme ils voudront... Je vais raconter l'aventure aux officiers, cela les fera bien rire.

(Il sort.)

SCÈNE XVI

SIR EDWARD, JOHN.

Pendant le commencement de cette scène, John donne à sir Edward un peigne et un miroir et lui nettoie ses bottes.

SIR EDWARD.

John !

JOHN.

Milord?

SIR EDWARD.

Vous êtes sûr qu'elle est ici ?

JOHN.

Oui, milord.

SIR EDWARD.

Vous l'avez vue ?

JOHN.

Je l'ai vue.

SIR EDWARD.

Quelle chambre habite-t-elle ?

JOHN, montrant le n° 6 et le n° 7.

L'une ou l'autre de ces deux chambres-là.

SIR EDWARD.

John!

JOHN.

Milord ?

SIR EDWARD.

Je suis content de vous.

JOHN.

Milord est bien bon.

SIR EDWARD, plaçant une chaise devant le n° 6.

Je resterai ici jusqu'à ce qu'elle sorte... Oh!...

JOHN.

Milord...

SIR EDWARD.

Je crois qu'elle sait que je suis là.

JOHN.

C'est probable.

SIR EDWARD.

Quelqu'un regarde par la serrure.

JOHN.

Oui.

SIR EDWARD.

Oh! bel ange! je vous aime.

JOHN.

Pourquoi milord ne lui dit-il pas ces choses-là quand il se trouve en face d'elle?

SIR EDWARD.

Parce que je n'ose...

(Il envoie des baisers à travers la porte.)

JOHN.

A la bonne heure.

SIR EDWARD.

John!

JOHN.

Milord?

SIR EDWARD, se levant.

La porte s'ouvre.

SCÈNE XVII

Les Mêmes, MADAME RIGAUDY.

MADAME RIGAUDY, voilée. Elle passe devant eux.

Il m'a envoyé des baisers... Charmant jeune homme!...

SIR EDWARD.

Madame...

MADAME RIGAUDY.

Monsieur...

SIR EDWARD.

Oh! John! ce n'est pas sa voix, ce n'est pas elle!...

MADAME RIGAUDY.

Vous disiez, monsieur?...

SIR EDWARD.

Pardon, madame, mais ce n'était pas vous que j'attendais...

MADAME RIGAUDY.

Comment! ce n'était pas moi que vous attendiez?... Ce n'est pas à moi que...?

SIR EDWARD.

Hélas! non, madame...

MADAME RIGAUDY.

Oh! l'impertinent!...

(Elle sort furieuse par l'escalier.)

SCÈNE XVIII

Les Mêmes, RIGAUDY.

RIGAUDY, entr'ouvrant sa porte.

Ma femme sort... bon!...

(Il va sur la pointe du pied jusqu'à l'escalier, après avoir trébuché sur les bagages.)

SIR EDWARD.

John!

JOHN.

Milord?

SIR EDWARD.

Ce n'était pas elle.

JOHN.

Je l'ai bien vu, milord.

SIR EDWARD.

Vous vous étiez trompé.

JOHN.

C'est probable.

SIR EDWARD.

John !

JOHN.

Milord ?

SIR EDWARD.

Je ne suis pas content de vous.

JOHN.

Milord est bien bon... Mais j'ai dit à milord : numéro 6 ou 7.

SIR EDWARD.

C'est vrai.

(Il transporte sa chaise en face du n° 7 et s'y assied.)

JOHN.

C'est à recommencer, voilà tout.

RIGAUDY, reparaissant.

Ce diable d'Anglais ! c'est lui, j'en suis sûr, qui l'empêche de sortir.

SIR EDWARD, sec.

Vous me faites l'honneur de me parler, monsieur.

RIGAUDY, rentrant chez lui.

Non, monsieur ; je me parlais à moi-même. Je déteste les Anglais !

(Il rentre en trébuchant encore sur les bagages ; John lui parle vivement en anglais. Rigaudy se fâche et ferme brusquement sa porte. John prend une pose de boxeur.)

SCÈNE XIX

SIR EDWARD, JOHN, puis MARIE.

SIR EDWARD.

John!

JOHN, partagé entre son maître et Rigaudy.

Milord?...

SIR EDWARD.

On entend du bruit dans la chambre.

JOHN.

Oui.

MARIE, dans l'intérieur de la chambre.

Tout de suite, madame, tout de suite. (Elle jette un cri en voyant l'Anglais installé en face de la porte.) Ah!

EDMÉE, dans la chambre.

Qu'y a-t-il?

MARIE, rentrant.

C'est encore lui, madame! c'est encore lui!...

SCÈNE XX

SIR EDWARD, JOHN.

SIR EDWARD, joyeux.

John!

JOHN.

Milord?...

SIR EDWARD.

Sa femme de chambre!

JOHN.

Je le disais bien à milord.

SIR EDWARD.

Je suis très-content, John.

JOHN.

Et moi aussi, milord.

SCÈNE XXI

EDMÉE, SIR EDWARD, JOHN.

EDMÉE.

Ah! c'est trop fort! et, cette fois, il faut en finir.

SIR EDWARD.

Oh!... c'est elle!...

EDMÉE.

Monsieur!...

SIR EDWARD.

John, elle m'a parlé!...

EDMÉE.

Monsieur!...

SIR EDWARD.

John, laissez-nous.

(John sort par l'escalier.

SCÈNE XXII

EDMÉE, SIR EDWARD.

EDMÉE, à part.

Il renvoie son domestique!... (Haut.) Monsieur...

SIR EDWARD.

Madame?...

EDMÉE.

Depuis huit jours, j'ai le malheur d'être poursuivie par vous...

SIR EDWARD.

Et moi, madame, depuis huit jours, j'ai le bonheur de vous voir et de vous admirer.

EDMÉE.

Savez-vous, monsieur, que cette obstination me donne une idée affreuse de votre courtoisie?

SIR EDWARD.

Il ne faut pas s'en rapporter aux apparences.

EDMÉE.

Mais, monsieur, vous êtes, il me semble, un peu plus qu'une apparence; vous êtes bel et bien une réalité, et une réalité fort désobligeante même, je dois le dire.

SIR EDWARD.

Hélas! madame, tout le monde n'a pas, comme vous, le privilége d'être un rêve, et un rêve charmant!...

EDMÉE.

Bon! voilà que je suis un rêve, moi!...

SIR EDWARD.

Oh! oui!... rêve de bonheur! rêve de poésie! rêve d'amour!...

EDMÉE, riant d'un rire nerveux.

Oh!... par exemple!...

SIR EDWARD.

Ne riez pas, madame, si mon cœur parle si bien le français et si ma bouche le parle si mal.

EDMÉE.

Oh! monsieur, votre bouche ne le parle que trop bien, puisque je comprends les impertinences que vous me dites.

SIR EDWARD.

Vous avez donc une bien mauvaise opinion de moi, madame?...

EDMÉE.

Avouez que vous avez tout fait pour provoquer cette opinion.

SIR EDWARD.

Permettez-vous, madame, que je vous parle franchement?

EDMÉE.

Et si je vous le défendais?...

SIR EDWARD.

Vous ne voudriez pas me faire une si grande peine.

EDMÉE.

Il est curieux, en vérité!...

SIR EDWARD.

Eh bien, sachez un chose...

EDMÉE.

Laquelle? Dites!

SIR EDWARD.

C'est que je n'eusse jamais osé vous adresser la parole, si la première vous ne m'eussiez parlé.

EDMÉE.

Pourquoi?

SIR EDWARD.

Parce que ce n'est pas la coutume en Angleterre de parler à une femme sans lui être présenté.

EDMÉE.

Mais il paraît que c'est la coutume de poursuivre cette femme, de la présence et du regard, jusqu'à ce qu'elle soit forcée de vous dire : « Monsieur, votre regard me fatigue ! monsieur, votre présence m'est insupportable ! »

SIR EDWARD.

Et vous me dites cela?...

EDMÉE.

Mais... oui, à peu près.

SIR EDWARD.

Je suis bien malheureux, alors.

EDMÉE.

Voyons, monsieur, parlons raison.

SIR EDWARD.

Parlez raison, madame, vous qui êtes raisonnable; mais moi, moi... je ne puis que parler folie... je suis fou!...

EDMÉE.

Alors, nous ne nous entendrons jamais.

SIR EDWARD.

Oh! cela ne fait rien... Parlez toujours.

EDMÉE.

Soit. Eh bien, monsieur, j'espère, maintenant que nous nous sommes expliqués...

SIR EDWARD.

Comment cela, expliqués?...

EDMÉE, *impatientée*.

Enfin, monsieur, j'espère que, maintenant que vous m'avez

dit que vous m'aimiez, et que je vous ai dit que je ne vous aimais pas...

SIR EDWARD.

Vous m'avez dit que vous ne m'aimiez pas; mais je ne vous ai pas dit que je vous aimais...

EDMÉE.

Comment, vous ne m'avez pas dit que vous m'aimiez?...

SIR EDWARD.

Non, je n'ai point encore osé.

EDMÉE.

Mais vous me le dites, maintenant.

SIR EDWARD.

Je vous remercie, madame, de me comprendre sans que je parle.

EDMÉE.

Oh! monsieur... ceci, par exemple, est trop fort!... finissons-en...

SIR EDWARD.

Hélas! madame, pour en finir, il faudrait avoir commencé.

EDMÉE.

Qu'avez-vous donc fait depuis ces huit jours?

SIR EDWARD.

Alors, vous avez la bonté de me tenir compte de ces huit jours?

EDMÉE.

Je vous en tiens compte comme de huit jours de fatigue, d'ennui, de supplice... Je vous en tiens compte pour vous dire : Cela durera-t-il longtemps ainsi?

SIR EDWARD.

Tant que je pourrai, madame.

EDMÉE.

Vrai?... malgré ce que je viens de vous dire, vous avez l'intention de me poursuivre encore?

SIR EDWARD.

Oui, madame.

EDMÉE.

Vous savez que, ce soir, je pars pour Paris?

SIR EDWARD.

Non, madame, je ne le savais pas, et je vous remercie d'avoir la bonté de m'en prévenir.

EDMÉE.

Je ne vous en préviens pas, je vous le dis.

SIR EDWARD.

Pour moi qui suis étranger, c'est tout un.

EDMÉE.

En attendant, monsieur, restez-vous dans cet hôtel ou le quittez-vous?

SIR EDWARD.

C'est selon.

EDMÉE.

Comment, c'est selon?

SIR EDWARD.

Oui... Si vous y restez, je reste ; si **vous** le quittez, je vous suis.

EDMÉE.

C'est une plaisanterie, monsieur, et j'espère que vous ne pousserez pas la persécution jusque-là...

SIR EDWARD.

Essayez...

EDMÉE, à part.

En vérité, cette tranquillité m'exaspère. (Elle appelle.) Marie !

SCÈNE XXIII

Les Mêmes, MARIE.

MARIE.

Madame?...

EDMÉE.

Appelle une voiture!... Nous quittons cet hôtel.

SIR EDWARD.

John !

SCÈNE XXIV

Les Mêmes, JOHN.

JOHN.

Milord?...

SIR EDWARD.

Appelez une voiture!... Nous quittons cet hôtel.

EDMÉE, à Marie.

Reste!

SIR EDWARD, à John.

Restez!

EDMÉE.

Alors, c'est une détermination prise, monsieur?

SIR EDWARD.

Irrévocable.

EDMÉE.

Eh bien, sachez une chose...

SIR EDWARD.

J'écoute.

EDMÉE.

C'est que je me suis arrêtée à Strasbourg pour deux raisons...

SIR EDWARD.

Une seule me suffit, madame, du moment que vous vous y êtes arrêtée.

EDMÉE.

N'importe, vous les connaîtrez toutes les deux.

SIR EDWARD.

Avec plaisir.

EDMÉE.

J'en doute... La première, c'est que je croyais y trouver mon frère... M. Arthur de Valgenceuse... lieutenant au 7ᵉ chasseurs.

SIR EDWARD.

Et vous ne l'y avez pas trouvé?

EDMÉE.

Non, monsieur; quand je suis arrivé, il était parti depuis dix minutes.

SIR EDWARD.

J'en suis désespéré... J'eusse été enchanté de faire sa connaissance.

EDMÉE.

La seconde...

SIR EDWARD.

La seconde raison?

EDMÉE.

Oui, monsieur... C'est que j'y avais donné rendez-vous à mon mari.

SIR EDWARD.

A votre mari?... Oh!

EDMÉE.

Car vous saurez une chose, monsieur, c'est que je suis mariée...

SIR EDWARD.

Oh!

EDMÉE.

Et que j'adore mes enfants.

SIR EDWARD.

Oh! vous avez des enfants, madame?

EDMÉE.

Oui.

SIR EDWARD.

Combien?...

EDMÉE, furieuse.

Six.

SIR EDWARD.

Oh! cela ne fait rien.

EDMÉE.

Comment, cela ne fait rien?...

SIR EDWARD.

Non... J'aime aussi beaucoup les enfants, moi.

2.

EDMÉE.

Je vous préviens, monsieur, que mon mari est très-jaloux...
(Elle avise Rigaudy, qui regarde et qui écoute près de sa porte.)

SIR EDWARD.

Je comprends cela...

EDMÉE.

Et que, s'il vous trouvait ici...
(Elle regarde Rigaudy pour essayer de lui faire comprendre son intention.)

SIR EDWARD.

Oh ! j'en serais au désespoir !

EDMÉE.

Eh ! tenez, tenez, justement... (Même jeu.) Le voici !

SIR EDWARD.

Comment, le voici ?

SCÈNE XXV

SIR EDWARD et JOHN, au fond, à gauche ; EDMÉE, RIGAUDY, MARIE.

EDMÉE, courant à Rigaudy.

Ah ! monsieur, enfin, c'est vous !...

RIGAUDY, étonné.

Madame...

EDMÉE.

Cher époux !...

RIGAUDY, de plus en plus étonné.

Ah ! ah !

MARIE.

Oh ! monsieur, quel bonheur !... vous voilà donc !

SIR EDWARD.

John !

JOHN.

Milord ?...

SIR EDWARD.

Serait-elle véritablement mariée ?...

JOHN.

Il paraît.

EDMÉE, bas, à Rigaudy

Vous avez compris, n'est-ce pas, monsieur ?... Il s'agit de me sauver.

RIGAUDY.

De grand cœur !... mais...

MARIE.

Mais, monsieur, embrassez donc madame.

RIGAUDY.

Volontiers, très-volontiers ; mais...

MARIE.

Elle vous attendait avec tant d'impatience... Allez ! (Rigaudy embrasse Edmée.) Embrassez-la donc encore !

(Rigaudy l'embrasse de nouveau.)

SIR EDWARD, à part.

Oh ! c'est vilain à voir !

EDMÉE.

Délivrez-moi de cet Anglais, je vous en supplie !...

RIGAUDY.

Très-volontiers ; mais... mais ma femme...

EDMÉE.

Nous lui expliquerons tout, monsieur... Venez !... (A sir Edward.) Voici mon mari, monsieur ; mon mari, qui me protégera, qui me défendra... Ah ! je ne suis donc plus seule !... Venez, mon ami, venez !...

(Elle l'entraîne dans la chambre n° 7.)

MARIE, le poussant.

Venez, monsieur ! venez !

(Ils rentrent.)

SCÈNE XXVI

SIR EDWARD, JOHN.

SIR EDWARD.

John !

JOHN.

Milord?...

SIR EDWARD.

Il paraît que je m'étais trompé.

JOHN.

Il paraît, milord...

SIR EDWARD.

Elle était mariée...

JOHN.

Et à ce clown, à ce danseur qui sautait par-dessus mon...

SIR EDWARD.

Je suis très-malheureux, John.

JOHN.

Et moi aussi, milord.

SIR EDWARD.

John!

JOHN.

Milord?...

SIR EDWARD.

Je me trompais...

JOHN.

Comment?

SIR EDWARD.

Je suis moins malheureux que je ne croyais.

JOHN.

Et moi aussi... Oh! tant mieux!...

SIR EDWARD.

Tirez les pistolets de ma malle...

JOHN.

Je comprends.

SIR EDWARD.

Je tuerai le clown.

JOHN.

Milord fera très-bien.

SIR EDWARD.

Dépêchez-vous.

JOHN.

Les voilà, milord.

SIR EDWARD.

Chargez, John!... je suis pressé.

(John charge les pistolets.)

SCÈNE XXVII

Les Mêmes, RIGAUDY, d'un air fat et comme enchanté de lui-même.

RIGAUDY, chantant d'un air dégagé.

Guerre aux amants! jamais dans mon ménage,
Jamais milord
Ne régnera!

SIR EDWARD.

Monsieur, je suis désespéré de vous dire que vous chantez faux...

RIGAUDY.

Moi! je chante faux? Ah! par exemple!...

SIR EDWARD.

Oui, monsieur, et je déteste les gens qui chantent faux!

RIGAUDY.

Monsieur, on peut être très-honnête homme, et chanter faux.

SIR EDWARD.

Non, monsieur.

RIGAUDY.

Comment, de ce que l'on chante faux, il s'ensuit nécessairement...?

SIR EDWARD.

Oui, monsieur.

RIGAUDY.

D'ailleurs, ce n'était pas faux.

SIR EDWARD.

Prenez garde, monsieur, vous venez de me donner un démenti.

RIGAUDY.

Moi?...

SIR EDWARD.

Oui, vous!

RIGAUDY.

Monsieur, c'est sans intention aucune.

SIR EDWARD.

Je n'accepte pas vos excuses.

RIGAUDY.

Monsieur, je vous dis...

SIR EDWARD.

Vous dites, monsieur?...

RIGAUDY.

Je dis... Savez-vous la musique?...

SIR EDWARD.

Comme Rossini.

RIGAUDY.

C'est beaucoup dire; mais enfin...

SIR EDWARD.

Prétendriez-vous que je ne sais pas la musique?

RIGAUDY.

Je ne dis pas cela, monsieur... (A part.) En voilà un mauvais caractère!

SIR EDWARD.

Que dites-vous, alors?...

RIGAUDY.

Je dis : *Jamais milord ne régnera!...* si do ré mi la si do ré si do ré fa mi ré si la.

SIR EDWARD.

Ce n'est pas un *la!*

RIGAUDY.

Comment, ce n'est pas un *la?*

SIR EDWARD.

C'est un *ut.*

RIGAUDY.

Ah! par exemple, un *ut*? Si do ré mi fa ré si la la la!

SIR EDWARD.

Cette fois, vous me l'avez donné, monsieur!

RIGAUDY.

Quoi?...

SIR EDWARD.

Le démenti.

RIGAUDY.

Moi?

SIR EDWARD.

Oui, vous.

RIGAUDY.

Moi!... moi!... je vous ai donné un démenti?

SIR EDWARD.

Et vous m'en rendrez raison.

RIGAUDY.

Ah bien, oui, dimanche!

SIR EDWARD.

Non, pas dimanche... aujourd'hui.

RIGAUDY.

Aujourd'hui?

SIR EDWARD.

A l'instant même.

RIGAUDY.

Mais, monsieur!... mais, monsieur! je n'ai pas d'armes!

SIR EDWARD.

Voici des pistolets tout chargés.

RIGAUDY.

Mais, monsieur, nous n'avons pas de témoins.

(Madame Rigaudy entre.)

SIR EDWARD.

Nous nous en passerons.

RIGAUDY.

Mais, alors, monsieur, dites-le tout de suite, c'est ma vie que vous voulez.

SIR EDWARD.

Tout simplement.

SCÈNE XXVIII

Les Mêmes, MADAME RIGAUDY.

MADAME RIGAUDY.

Comment ! vous voulez la vie de mon mari, malheureux jeune homme ?

SIR EDWARD.

La vie de votre mari...

RIGAUDY.

Oh ! ma pauvre Rosine !... quel enragé !

SIR EDWARD.

Monsieur est votre mari ?...

MADAME RIGAUDY.

Sans doute.

SIR EDWARD.

Alors, la dame du n° 7...?

MADAME RIGAUDY.

Comment, la dame du n° 7 ?... Hector !...

RIGAUDY.

Est-ce que je la connais, la dame du n° 7 !

SIR EDWARD.

Comment, vous ne la connaissez pas ?...

RIGAUDY.

Eh ! je l'ai vue tout à l'heure pour la première fois.

SIR EDWARD.

Pour la première fois !... Comment se fait-il alors que vous l'appeliez *ma femme ?*...

MADAME RIGAUDY.

Vous appeliez la dame du n° 7 *ma femme ?*...

SIR EDWARD.

Que vous l'embrassiez ?...

MADAME RIGAUDY.

Vous embrassiez la dame du n° 7 ?

RIGAUDY.

C'était pour lui faire plaisir.

MADAME RIGAUDY.

Pour lui faire plaisir ?...

RIGAUDY.

Eh bien, voulez-vous savoir la vérité ?... Elle m'avait prié de dire que j'étais son mari pour se débarrasser de vous.

SIR EDWARD.

Très-bien ! vous pouvez rentrer chez vous, monsieur.

MADAME RIGAUDY.

Oh ! les hommes ! les hommes ! on ne peut pas les laisser seuls cinq minutes...

RIGAUDY.

Mais, Rosine, puisque je te dis...

MADAME RIGAUDY.

Rentrez, Hector... et devant moi !

(Ils rentrent au n° 6.)

SCÈNE XXIX

ARTHUR, SIR EDWARD, JOHN.

SIR EDWARD.

John !

JOHN.

Milord ?...

SIR EDWARD.

J'étais tombé sur un faux mari.

JOHN.

C'est probable.

ARTHUR, s'approchant.

Il ne faut pas vous désespérer pour cela, monsieur.

SIR EDWARD.

Je ne m'en désespère pas, monsieur... Au contraire, je m'en réjouis.

ARTHUR.

Alors, il ne faut pas vous réjouir pour cela.

SIR EDWARD.

Pourquoi, monsieur?...

ARTHUR.

Parce que, si vous êtes tombé sur un faux mari, vous êtes tombé en même temps sur un vrai frère.

SIR EDWARD.

Votre nom, monsieur?...

ARTHUR.

Arthur de Valgenceuse... Et, si vous voulez bien me permettre de joindre mon titre à mon nom, j'ajouterai : lieutenant au 7º régiment de chasseurs. Voici d'ailleurs ma carte. Croyez, monsieur, que je ne l'ai pas fait faire pour les besoins de la cause.

SIR EDWARD, avec beaucoup de dignité.

Inutile, monsieur... Quand on porte l'habit que vous portez, on ne ment pas... (Il salue.) Vous êtes le frère de madame Edmée de Valgenceuse?

ARTHUR.

Oui, monsieur.

(Sir Edward fait signe à John de sortir; celui-ci obéit.)

SIR EDWARD.

C'est vous, monsieur, que l'on croyait parti ce matin?

ARTHUR.

J'étais parti, en effet, c'est-à-dire que j'avais quitté l'hôtel. Un petit accident arrivé à la voiture a été cause que j'ai manqué le chemin de fer. Je suis, au reste, heureux de cet accident, puisque, si j'en crois M. Durand, cet accident me permet de porter à ma sœur un secours dont vous lui faites un urgent besoin.

SIR EDWARD.

Soyez le bienvenu, monsieur, quelle que soit la chose qui vous reste à me dire.

ARTHUR.

Et, quelle que soit la chose qui me reste à vous dire, vous y répondrez franchement?...

SIR EDWARD.

Je suis gentilhomme, monsieur.

(Les deux hommes se saluent.)

ARTHUR.

Eh bien, j'ai à vous demander s'il est vrai, monsieur, comme l'a dit le maître de cet hôtel, que, d'Ostende jusqu'ici, vous avez suivi ma sœur, avec une importunité telle, que ce matin, en rentrant en France, elle a été obligée de s'adresser à l'autorité pour se débarrasser de vous?

SIR EDWARD.

Je ne sais, monsieur, si madame votre sœur a été sur le point de recourir à l'autorité pour se débarrasser de moi; mais la vérité est que je l'ai suivie d'Ostende jusqu'ici.

ARTHUR.

Et pourquoi suiviez-vous ma sœur?

SIR EDWARD.

Parce que je l'aime, monsieur.

ARTHUR.

Les femmes sont inconséquentes parfois... Ma sœur, par quelque aveu ou quelque imprudence, avait-elle autorisé cette poursuite?

SIR EDWARD.

Par aucun aveu, par aucune imprudence... non, monsieur.

ARTHUR.

Alors, toute la responsabilité de cette poursuite, au moins inconvenante, retombe sur vous.

SIR EDWARD.

Sur moi seul.

ARTHUR.

Vous n'avez aucune excuse à faire valoir?...

SIR EDWARD.

Aucune, si ce n'est la loyauté de mes intentions.

ARTHUR.

Et vos intentions, peut-on les connaître, monsieur?

SIR EDWARD.

Votre sœur les eût déjà connues, monsieur, si elle m'eût laissé le temps de les lui dire.

ARTHUR.

Comme son seul parent, admettez-vous que j'aie le droit de les connaître?...

SIR EDWARD.

Parfaitement, monsieur... Je me nomme sir Edward Dennebury. J'ai vingt-huit ans, je suis baronnet du chef de mon père. Je serai lord et membre du parlement à la mort de mon oncle. J'ai vingt mille livres sterling de rente... Je suis parfaitement libre de mes actions, et j'ai l'honneur, monsieur, de vous demander la main de votre sœur.

ARTHUR.

Ce n'est, vous le comprenez bien, une excuse que si ma sœur accepte...

SIR EDWARD.

Oui, monsieur... Je comprends.

ARTHUR.

Mais, si elle refuse... cette poursuite obstinée restera toujours comme une inconvenance dont j'aurai à vous demander raison.

SIR EDWARD.

Vous apprécierez, monsieur.

ARTHUR.

Et si, avec la susceptibilité d'un homme qui a l'honneur de porter l'uniforme, je juge qu'il y a lieu à duel...

SIR EDWARD.

Vous choisirez vous-même l'heure, le lieu, les armes... A partir de ce moment, je me tiens à votre disposition.

ARTHUR.

Vous avez raison, vous êtes un vrai gentilhomme.

SIR EDWARD.

Votre sœur est dans cette chambre... Ma présence ici serait une inconvenance à ajouter à celles que j'ai déjà commises... Dans cinq minutes, monsieur, je reviendrai me mettre à vos ordres.

(Il salue et sort.)

SCÈNE XXX

ARTHUR, seul.

En vérité, ce garçon-là est fort bien, et j'aimerais autant l'avoir pour beau-frère que d'être obligé de lui envoyer une balle dans la tête.

SCÈNE XXXI

EDMÉE, ARTHUR.

EDMÉE, entr'ouvrant sa porte.

Mais... je ne me trompe pas... c'est toi, frère !... Oh ! viens ! viens !

ARTHUR.

Ah ! vous voilà donc, belle voyageuse !

EDMÉE.

Depuis un instant, il me semblait reconnaître ta voix.

ARTHUR.

Et voilà comment tu étais pressée de me revoir ?

EDMÉE.

Je te croyais si bien sur la route de Paris... Et puis... tu n'étais pas seul.

ARTHUR.

Non ; j'étais avec ton Anglais.

EDMÉE.

Mon Anglais !... Tu sais donc... ?

ARTHUR.

Oui : quand je suis revenu, ton aventure faisait les frais de la table d'hôte... Je n'ai donc eu aucun renseignement à te demander, j'étais au courant.

EDMÉE, embarrassée et regardant autour d'elle.

Et... il est parti ?...

ARTHUR.

Je ne sais pas précisément s'il est parti ; mais je sais tout au moins que tu en es débarrassée.

EDMÉE.

Débarrassée?

ARTHUR.

Oui; nous avons causé cinq minutes; et, au bout de cinq minutes, il était convenu lui-même de l'impertinence de sa conduite.

EDMÉE.

En cinq minutes, tu lui as fait comprendre ce que je n'ai pas pu lui faire comprendre en une heure, moi?... Tu es un habile logicien, Arthur!

ARTHUR.

Enfin en tout cas, tu vois: la place est libre.

EDMÉE.

Oui; mais à quelles conditions?...

ARTHUR.

Sans condition aucune.

EDMÉE.

Comment vous êtes-vous quittés, alors?...

ARTHUR.

Les meilleurs amis du monde!

EDMÉE, répétant.

Les meilleurs amis du monde?

ARTHUR.

Oui... Je le trouve charmant, ce garçon.

EDMÉE.

Charmant! tu plaisantes!...

ARTHUR.

Non, sur l'honneur, et la preuve, c'est que j'ai une proposition à te faire.

EDMÉE.

Laquelle?...

ARTHUR.

Mais de l'épouser, tout simplement.

EDMÉE.

Es-tu fou, Arthur?

ARTHUR.

Non.

EDMÉE.
Ou plaisantes-tu ?...

ARTHUR.
Je parle on ne peut plus sérieusement.

EDMÉE.
Épouser un homme que je n'avais pas encore vu il y a huit jours, et qui m'a parlé aujourd'hui pour la première fois.

ARTHUR.
Remarque bien que je ne force pas ton inclination ; c'es une simple proposition que je te fais.

EDMÉE.
Mais elle est absurde, ta proposition !

ARTHUR.
Voyons ! voyons !... écoute-moi... Pourquoi est-ce absurde ?... Le trouves-tu vieux ?...

EDMÉE.
Oh ! par exemple ! il a vingt-six ou vingt-huit ans à peine.

ARTHUR.
Le trouves-tu laid ?...

EDMÉE.
Non, il est plutôt bien que mal.

ARTHUR.
Le trouves-tu commun ?...

EDMÉE.
Au contraire, il m'a semblé... fort gentleman.

ARTHUR.
Ajoute à cela qu'il est noble, qu'il est riche, qu'il t'aime.

EDMÉE.
Qui t'a dit tout cela ?...

ARTHUR.
Pardieu ! lui !...

EDMÉE.
Mais je ne l'aime pas, moi.

ARTHUR.
Ah ! voilà qui répond à tout... Ainsi, tu ne l'aimes pas ?

EDMÉE.
Non.

ARTHUR.

Tu en es sûre?...

EDMÉE.

Oh! par exemple!...

ARTHUR.

Et tu refuses décidément de l'épouser?...

EDMÉE.

Et je refuse décidément de l'épouser.

ARTHUR.

Alors, rentre dans ta chambre.

EDMÉE.

Pourquoi cela?...

ARTHUR.

Parce que sir Edward va revenir et que j'ai une réponse à lui rendre.

EDMÉE.

Une réponse?...

ARTHUR.

Sans doute, toute demande mérite une réponse... Sir Edward t'a demandée en mariage, il faut bien que je lui réponde que tu ne veux pas de lui... Le voici!

EDMÉE.

Mets-y des égards, au moins.

ARTHUR.

Parbleu! les plus grands égards... Va!...

(Il la reconduit chez elle.)

SCÈNE XXXII

EDMÉE, tenant sa porte entr'ouverte pour entendre; ARTHUR, SIR EDWARD.

ARTHUR.

Monsieur, dans un quart d'heure, je viendrai vous prendre avec mes témoins; vous apporterez vos pistolets, j'apporterai les miens: le sort désignera ceux dont il sera fait usage.

SIR EDWARD.
A vos ordres, monsieur...

(Arthur sort par l'escalier.)

EDMÉE, qui a tout entendu.
Ils vont se battre !... je m'en doutais...

SCÈNE XXXIII

SIR EDWARD, puis EDMÉE.

SIR EDWARD.
Elle a refusé... Ah! par ma foi, du moment que la sœur refuse, autant que le frère me casse la tête.

EDMÉE, à part.
Je ne puis cependant permettre ce duel...

(Elle fait du bruit en tirant sa porte.)

SIR EDWARD, se retournant vivement.
Elle !...

EDMÉE.
Monsieur... Pardon, je croyais mon frère avec vous !

SIR EDWARD.
En effet, madame, il y était, il n'y a qu'un instant.

EDMÉE.
Et il est... sorti ?

SIR EDWARD.
Sorti... oui, madame.

EDMÉE.
Va-t-il revenir?

SIR EDWARD.
Je ne crois pas.

EDMÉE.
Oh! mon Dieu! et moi qui voulais absolument lui parler... Mais, puisqu'il n'y est pas... puisqu'il est sorti... puisque vous ne croyez pas qu'il doive revenir... je rentre... je... (A part.) Eh bien, il ne me retient pas !...

SIR EDWARD, au moment où Edmée met le pied sur le seuil de sa chambre.
Madame!

3.

EDMÉE, à part.

Enfin!... (Haut, se retournant.) Monsieur?...

SIR EDWARD.

Dans un instant, je pars, madame.

EDMÉE.

Ah! vous partez?

SIR EDWARD.

Oui, je quitte la France... pour n'y jamais revenir... et ces paroles que je vous adresse sont les dernières que vous aurez l'ennui d'entendre sortir de ma bouche.

EDMÉE.

Monsieur...

SIR EDWARD.

Maintenant, vous comprenez, madame... je ne voudrais à aucun prix, en prenant congé de vous par un adieu éternel, vous laisser de moi un mauvais souvenir.

EDMÉE.

Que vous importe, monsieur, le souvenir qu'une inconnue gardera de vous?... Dites...

SIR EDWARD.

Il m'importe beaucoup, madame... Ma conduite envers vous a été folle, inconsidérée, ridicule... oui, j'en conviens; mais elle avait son excuse dans l'irrésistible entraînement auquel j'obéissais...

EDMÉE.

Prenez garde, monsieur! vous allez encore me parler de choses que je ne puis entendre.

SIR EDWARD.

Mon amour est ma seule excuse, madame, et je suis désarmé si je ne vous parle pas de mon amour.

EDMÉE.

Vous conviendrez, monsieur, que cet amour vous est venu si rapidement et s'est manifesté d'une si singulière façon, qu'il est quelque peu permis d'en douter.

SIR EDWARD.

Hélas! madame, on peut douter de tout : moi-même, si je vous disais que, jusqu'au moment où je vous ai vue...

EDMÉE.

Comment?...

SIR EDWARD.

N'avez-vous pas entendu raconter que, dans notre brumeuse Angleterre, il y a des malheureux qui naissent riches de tous les dons de la terre, mais déshérités de cette faculté qui fait qu'on les apprécie à leur valeur. Eh bien, j'étais de ces rêveurs malades que novembre emporte d'habitude avec les dernières feuilles... Tout à coup, comme, à la suite de ce spectre qu'on appelle le spleen, je m'acheminais vers les mois mortels... je vous rencontrai!... Il sembla, à votre vue, que la main d'une fée m'arrachait un voile de dessus les yeux... Tout m'apparut alors sous son vrai jour, avec sa véritable couleur... C'était une erreur, une folie, une faute peut-être; mais vous m'en avez puni comme d'un crime.

EDMÉE.

Moi?...

SIR EDWARD.

Oui... J'ai été sans raison; mais vous, vous avez été sans pitié.

EDMÉE.

Comment cela?...

SIR EDWARD.

Vous pouviez me repousser... vous pouviez me dire que vous ne m'aimiez pas, que vous ne m'aimeriez jamais, c'était votre droit... Mais vous m'avez méprisé, raillé, exposé au ridicule devant un homme, un fat, que vous avez fait passer pour votre mari et qui, par bonheur, ne l'était pas... Ah! voilà ce qui, au moment de vous quitter, me froisse douloureusement le cœur... C'est qu'un amour si vrai, si réel, si profond, ait été complètement méconnu de celle à qui il s'adressait. Ah! c'était mal, madame; très-mal!

EDMÉE, lui tendant la main.

C'est vrai, monsieur; et, maintenant que je vous connais mieux, j'en suis fâchée...

SIR EDWARD.

Oh! me dites-vous ces paroles du fond du cœur?

EDMÉE.

Du fond du cœur, oui, monsieur.

SIR EDWARD.

Merci, madame! merci!... Maintenant qu'à vos yeux j'ai cessé d'être un bouffon, pour redevenir un homme, j'accepte ma destinée. J'ai touché votre main, j'ai lu mon pardon dans vos yeux, je puis mourir !

EDMÉE, le retenant.

Mourir !... vous, monsieur ? Sir Edward, quelque danger que vous ne dites pas vous menace.

SIR EDWARD.

Oh ! oui, madame, un bien grand : celui de ne plus vous voir...

EDMÉE.

Vous allez vous battre avec mon frère !

SIR EDWARD.

Moi, madame ?

EDMÉE.

Il doit, dans un quart d'heure, revenir vous prendre avec les témoins. Ne niez pas, j'ai tout entendu.

SIR EDWARD.

Oui... et, je comprends, vous tremblez pour votre frère...

EDMÉE.

Monsieur...

SIR EDWARD.

Tranquillisez-vous, madame : dans un duel dont vous êtes la cause... entre deux hommes qui vous aiment tous deux... un seul court quelque danger... c'est celui que vous n'aimez pas...

EDMÉE.

Que dites-vous là, monsieur ?

SIR EDWARD.

Que l'on ne défend une vie que lorsque cette vie a quelque prix... Or, moi qui suis seul, isolé, moi que personne n'aime, qu'ai-je à faire de la vie ?... pourquoi la défendre au péril d'une autre ?... C'est bien assez d'être indifférent, je ne veux pas être maudit.

EDMÉE.

Monsieur !... mais ce n'est pas pour mon frère seul que je crains... Vous me croyez donc bien cruelle, que vous pensez que la vie d'un homme m'importe si peu... cet homme me fût-il inconnu ?...

SIR EDWARD.

Madame...

EDMÉE.

Mais vous ne m'êtes pas même inconnu, vous... Est-ce que,

s'il vous arrivait malheur, je n'aurais pas toujours le son de votre voix à mon oreille, le souvenir de votre visage devant mes yeux?... Non, non, monsieur, ce duel est insensé, il n'aura pas lieu, je vous en prie, je vous en supplie !

SIR EDWARD.

Oh! madame, que l'homme aimé de vous serait heureux, puisque, pour un indifférent, vous avez de si douces prières!

(Arthur entre et reste au fond, sans être vu.)

EDMÉE.

Eh! monsieur, c'est que non-seulement vous ne m'êtes pas inconnu, mais encore...

SIR EDWARD.

Achevez, madame !

EDMÉE.

C'est qu'en vous voyant apparaître... comme je ne vous avais pas vu encore, c'est-à-dire sous votre véritable jour, c'est que vous avez cessé de m'être indifférent !...

SIR EDWARD.

Moi?

EDMÉE.

C'est que je ne veux pas qu'il vous arrive, à vous, plus malheur qu'à mon frère ! c'est qu'enfin, puisqu'il n'y a qu'un moyen d'empêcher ce malheureux duel... eh bien !... c'est... c'est... c'est que je vous aime !...

SIR EDWARD, tombant à genoux et baisant la main d'Edmée.

Oh! madame! madame!... oh! que je suis heureux!...

SCÈNE XXXIV

Les Mêmes, ARTHUR.

ARTHUR, voyant sir Edward aux genoux de sa sœur, tire un coup de pistolet en l'air. — Edmée jette un cri. — Tout le monde accourt.

L'honneur est satisfait!

SCÈNE XXXV

Les Mêmes, RIGAUDY, MADAME RIGAUDY, DURAND, JOHN, MARIE, LOUIS, JEANNETTE, Officiers, au fond.

ARTHUR.
Messieurs et mesdames, j'ai l'honneur de vous faire part du mariage de sir Edward Dennebury, coroner, avec madame Edmée de Valgenceuse, ma sœur.

JOHN.
Very well!

FIN DE L'HONNEUR EST SATISFAIT

LE ROMAN D'ELVIRE

OPÉRA-COMIQUE EN TROIS ACTES

EN SOCIÉTÉ AVEC M. ADOLPHE DE LEUVEN

MUSIQUE D'AMBROISE THOMAS

Opéra-Comique. — 4 février 1860.

DISTRIBUTION

LE CHEVALIER GENNARO D'ALBANI............ MM.	Montaubry.
MALATESTA, chef de la police de Palerme.........	Prilleux.
ASCANIO, ami du Chevalier......................	Crosti.
ANIELLO, espion...............................	Caussade.
LELIO ⎫	Coutan.
LEONI ⎬ amis du Chevalier....................	Andrieu.
MARCO ⎭	Lejeune.
LA MARQUISE DE VILLA-BIANCA................ Mlles	Monrose.
LILLA, jeune devineresse.......................	Lemercier.
LA SIRENA, personnage muet.	

DAMES et GENTILSHOMMES, GENS DE JUSTICE, SBIRES, VALETS, etc.

— A Palerme, en 1600. —

ACTE PREMIER

Une galerie donnant sur la place de Toledo, et qui se ferme à volonté par de riches tentures.

SCÈNE PREMIÈRE

Au lever du rideau, le théâtre reste vide; mais on voit passer au fond, sur la place, un brillant cortège de GENTILSHOMMES, entourant une litière d'or et de pourpre, sur laquelle est couchée avec nonchalance LA SIRENA, pompeusement parée.

CHŒUR

Fêtons notre étoile chérie,
Notre jeune divinité;

Sirena, qui répand la vie
Sur notre brillante cité!

C'est grâce à son heureuse image
Que, pour nous, les nuits et les jours
S'écoulent, sans un seul nuage,
Au sein des plaisirs, des amours!

REPRISE

Fêtons notre étoile chérie, etc.

(Les chants s'éloignent graduellement.)

SCÈNE II

MALATESTA, entrant par la droite, suivi d'UN DOMESTIQUE.

MALATESTA.

Tu dis, mon ami, que madame la marquise de Villa-Bianca est à sa toilette?... J'attendrai son bon plaisir.

(Le Valet salue, va fermer les tentures du fond et sort.)

SCÈNE III

MALATESTA, puis ANIELLO.

MALATESTA.

A sa toilette!... Bien; j'aurai le temps de causer avec ce drôle d'Aniello. Placé par moi dans la valetaille de la marquise, je crois qu'il oublie la mission dont il est chargé céans, et qu'il néglige mes intérêts.

ANIELLO, levant le tapis d'une table chargée de livres et de babioles de luxe.

Non, Excellence, ils sont en bonnes mains...

MALATESTA.

Ah! ah! sous cette table?...

ANIELLO, sans se lever.

On est à merveille ici, pour voir et pour entendre...

MALATESTA.

Que se passe-t-il de nouveau dans ce palais?... Il y avait des chants, une sérénade tout à l'heure...

ANIELLO, se levant et désignant le fond.

C'était là... au dehors, sur la place de Toledo... La Sirena, avec son cortége de musiciens et d'amoureux, qui se rendait à sa villa de Novello...

MALATESTA, avec impatience.

Voyons, voyons, parle-moi plutôt de la marquise de Villa-Bianca... Tu connais mon amour, ma passion...

ANIELLO.

Pour ses deux cent mille ducats de rente...

MALATESTA.

Non! pour sa personne... à laquelle l'opulence ne nuit pas... La perte de trois épouses m'a livré à bien des pleurs, et il est temps qu'un nouvel hymen les essuie...

ANIELLO.

Eh bien, je sais quelqu'un qui est épris comme vous...

MALATESTA.

De la marquise?... Qui cela?...

ANIELLO.

Le chevalier Gennaro d'Albani. Il est vrai que c'est seulement quand il n'a pas le sou dans sa poche.

MALATESTA.

Crois-tu donc que c'est bien sérieusement que le chevalier fait la cour à la marquise?

ANIELLO.

C'est toujours sérieusement, Excellence, qu'un gentilhomme de vingt-cinq ans fait la cour à une femme de soixante.

MALATESTA.

Mais la marquise n'aura ses deux cent mille ducats de rente que si elle gagne son procès...

ANIELLO.

Avec l'appui de Votre Excellence, elle ne peut faire autrement que de le gagner.

MALATESTA.

C'est ce que j'ai laissé entendre à la noble dame, afin qu'elle accueillît mes amoureux soupirs... et je soupire avec une grâce, une élégance!... Je suis très-adroit auprès des femmes, je suis même très-dangereux...

ANIELLO.

Prenez garde au chevalier!

MALATESTA.

Nous veillerons sur lui... Tu sais que j'ai l'œil perspicace

ANIELLO, se souvenant.

Ah !

MALATESTA.

Quoi ?

ANIELLO.

La marquise a envoyé chercher, hier, par sa camériste...

MALATESTA, vivement.

Qui cela ?...

ANIELLO.

Cette petite Cypriote qui dit la bonne aventure...

MALATESTA.

Lilla ?... (Se frottant les mains.) A merveille !... Comme chef suprême de la police de Palerme, Lilla me redoute, Lilla m'est toute dévouée... Je lui ai fourni des renseignements... Et pourvu que la marquise croie à la science de la devineresse...

ANIELLO.

Elle y croira... Oh ! Lilla n'a que des fanatiques... (Écoutant.) Chut !... Voici la marquise...

MALATESTA.

Sauve-toi vite ! et veille à mes intérêts.

ANIELLO.

Oui, monseigneur.

MALATESTA, à lui-même.

Ah ! ma riche douairière, il faut que vous me nommiez votre vainqueur !

(Aniello disparait.)

SCÈNE IV

MALATESTA, LA MARQUISE; costume d'une femme âgée, mais très-élégant ; beaux cheveux blancs ; point de rides. Elle est enveloppée de riches guipures, et s'appuie sur une grande canne.

LA MARQUISE.

Mille pardons d'avoir fait attendre Votre Seigneurie, mais j'étais à ma toilette... et la toilette est une grande affaire pour une femme qui va compter soixante ans...

MALATESTA.
Vous mettez véritablement de la coquetterie à dire votre âge, madame la marquise.

LA MARQUISE.
C'est que mon miroir met de l'entêtement à me le rappeler.

MALATESTA.
Votre miroir, marquise, est un impertinent, qu'à votre place je briserais en mille morceaux !

LA MARQUISE.
Mauvais moyen ! il me redirait mille fois ce qu'il ne me dit qu'une en restant dans son entier...

MALATESTA.
Mais pourquoi vous préoccuper à ce point de votre âge?...

LA MARQUISE.
Pourquoi, après le jour, se préoccuper de la nuit?... Ah! je vous réponds bien d'une chose, mon cher podesta : c'est que, si j'avais eu à plaider contre une jolie femme, au lieu d'avoir à plaider contre un vieux corsaire, je ne me serais pas exposée à soutenir la concurrence... et, au lieu de venir moi-même, j'eusse envoyé à ma place...

MALATESTA.
Qui cela, madame?...

LA MARQUISE.
Ma belle-fille... la comtesse de Villa-Bianca, qui est jeune et que l'on dit jolie...

MALATESTA.
Je ne la connais pas; mais eût-elle, comme vous, fait des merveilles?... Vous habitiez Venise, vous étiez inconnue à Palerme, et voilà qu'en moins de trois semaines, vous avez gagné vos juges, grâce à votre esprit si fin, si plein de tact et de délicatesse.

LA MARQUISE.
Et surtout grâce à votre influence, seigneur Malatesta.
    (Elle lui tend une main que Malatesta baise avec ardeur.)

MALATESTA.
Marquise, je suis payé!

LA MARQUISE, prêtant l'oreille.
Pardon... N'entendez-vous pas?

MALATESTA.
Il me semble que l'on gratte à cette cloison.

LA MARQUISE.

C'est Lilla...

MALATESTA.

La devineresse ?

LA MARQUISE.

Justement... Croyez-vous aux sorcières, seigneur Malatesta ?...

MALATESTA, hochant la tête.

Peuh !...

LA MARQUISE.

Vous en avez encore brûlé une la semaine dernière !...

MALATESTA.

Je les brûle, mais je n'y crois pas... Je suis trop perspicace... Cependant, je fais une exception en faveur de Lilla... Sa science, dit-on...

LA MARQUISE.

Maintenant, vous savez que mon procès se plaide aujourd'hui... Une dernière visite à mes juges, je vous prie...

MALATESTA.

Je cours leur rappeler la parole qu'ils m'ont donnée.

LA MARQUISE, avec coquetterie et minaudant.

Allez, et surtout revenez vite...

MALATESTA, passionné.

Toujours trop tard, au gré de mon cœur !... Je ne fais que végéter loin de vous ; je suis un arbrisseau sans rosée et sans soleil... (A part.) Je triomphe ! c'est avec mon nom qu'elle entrera dans son soixantième printemps.

(Il sort.)

SCÈNE V

LA MARQUISE, un Esclave noir.

La Marquise va s'asseoir près de la table et frappe sur un timbre. — Un petit Esclave noir paraît; la Marquise lui fait un signe : il va ouvrir la porte secrète à gauche, et se retire devant Lilla qui paraît.

SCÈNE VI

LA MARQUISE, LILLA.

Lilla s'approche de la Marquise, met un genou en terre, et place sur son cœur la main de la Marquise ; puis elle se relève fièrement et d'un air inspiré.

LILLA.

Vous m'appelez, j'accours, me voilà ! Questionnez ! consultez !... Lilla raconte le passé, dévoile le présent et prédit l'avenir !

DUO

LA MARQUISE.
J'aime à te voir tant d'assurance!
Ton art va donc se révéler?...

LILLA.
A vos pieds je mets ma science,
Et me voilà prête à parler!

LA MARQUISE, *souriant.*
Ma chère, à la sorcellerie
Je ne crois pas autant que toi ;
Mais il se peut que ta magie
Aujourd'hui me donne la foi !

LILLA.
C'est un bel art que la magie,
Quand on l'exerce comme moi ;
J'en réponds, dans l'astrologie,
Dès aujourd'hui vous aurez foi !

(La Marquise s'assied. Lilla se place à ses pieds sur un coussin.)

LA MARQUISE.
Le passé, d'abord!...

LILLA, *consultant les lignes de la main.*
Aurore sereine!...
Matin pur et plein de clarté...
Dès l'enfance, vous fûtes reine
Par la jeunesse et la beauté!

LA MARQUISE.
Quand ai-je perdu ma couronne?
Quand mon sceptre a-t-il défleuri?...

LILLA.

Quand vous avez, sur votre trône,
Fait monter un premier mari.

LA MARQUISE.

De ce premier roi sais-tu l'âge,
Les habitudes et le sort?...

LILLA.

A vingt ans, joueur et volage,
Dans un duel il trouva la mort...
Et, pourtant, on vous vit, madame,
Pleurer un an sur son portrait !

LA MARQUISE.

C'était douze mois, sur mon âme,
De plus qu'il ne le méritait !

LILLA.

Plus sage alors qu'on n'eût pu croire
Par votre âge et par vos beaux yeux,
Vous épousâtes... pour mémoire,
Un marquis très-riche et très-vieux...

LA MARQUISE.

Tu sais mon histoire à la lettre...

LILLA.

Après dix mois de paradis,
Le vieux marquis se vit renaître...
Dans un bel héritier...

LA MARQUISE, souriant.

Ce pauvre et bon marquis!

LILLA.

De cet événement sans doute
Le marquis fut si satisfait,
Qu'il mourut d'un accès de goutte...

LA MARQUISE, avec componction.

Le Seigneur fait bien ce qu'il fait!

ENSEMBLE

Ah! le bel art que la magie,
Quand on l'exerce comme toi ;
Oui, vraiment, dans l'astrologie,
Je crois que bientôt j'aurai foi !

LILLA.

C'est un bel art que la magie,

Quand on l'exerce comme moi ;
J'en réponds, dans l'astrologie,
Dès aujourd'hui vous aurez foi !

LILLA, avec exaltation.

Oui, madame, toute votre existence se dévoile à mes yeux...
Le fils de votre second mari a épousé une jeune Vénitienne
qu'il a laissée veuve et riche à millions... Mais un frère de
votre vieil époux lui conteste aujourd'hui son héritage ; de là
procès qui amène madame la marquise à Palerme, où elle
vient plaider pour sa belle-fille... et où bientôt un ami
puissant, le seigneur Malatesta...

LA MARQUISE, l'arrêtant tout à coup en souriant.

Oh ! très-bien, Lilla !

REPRISE DU CHANT

Donnez-moi votre main jolie...
Ma chère enfant, vous allez voir
Que, près de vous, dans la magie,
On peut gagner quelque savoir.

(Elle prend la main de Lilla, qu'elle examine.)

LILLA, stupéfaite.

Que faites-vous ?...

LA MARQUISE.

Cela t'étonne ?...
Tu vas avouer, sur ma foi,
Que je suis peut-être, friponne,
Beaucoup plus sorcière que toi !...

LILLA.

C'est impossible !...

LA MARQUISE.

Écoute-moi...
Viens !... plus près encor... car personne
Ne saura mon secret que toi !...

(Elle lui parle bas à l'oreille.)

LILLA, au comble de la surprise.

Qu'entends-je !... se peut-il !... un semblable mystère !...

(Se jetant à genoux.)

Ne me perdez pas !...

LA MARQUISE, la menaçant.
>   Cœur loyal,
> Qui vit de mensonge !...

LILLA.
>   Eh ! que faire ?...
> La vérité nourrit si mal !...
>   (Elle se relève.)

LA MARQUISE.
> Eh bien, alors, faisons ensemble
> Un petit traité, ma Lilla !...
> Veux-tu me servir... que t'en semble...
> Au lieu du vieux Malatesta ?...

LILLA, avec empressement.
> Ordonnez, commandez, madame !
> Disposez de votre Lilla !...
> Vous avez mon corps et mon âme !...
> Dites : « Je le veux !... » Me voilà !...

ENSEMBLE

LA MARQUISE.
> Quelque office que j'en réclame,
> Je disposerai de Lilla !
> Elle est à moi ! j'aurai son âme,
> Et mon esclave obéira !

LILLA.
> Ordonnez ! commandez, madame,
> Disposez de votre Lilla !
> A vous, à vous toute son âme !
> Et votre esclave obéira !

LILLA.

Et maintenant, madame, mettez au plus vite mon dévouement à l'épreuve...

LA MARQUISE.

Tu connais le seigneur Gennaro d'Albani ?

LILLA.

C'est mon plus ardent admirateur...

LA MARQUISE.

Il croit à ton pouvoir ?...

LILLA.

En aveugle !... C'est tout simple : son père, savant alchimiste, renommé dans toute l'Italie, ne s'occupait que de sciences occultes...

LA MARQUISE.

Et les impressions de l'enfance sont ineffaçables...

LILLA.

La magie !... mais c'est pour lui une religion, un fanatisme !... Tenez, il a failli se battre, avant-hier, avec son ami Ascanio, qui doutait que j'arrivasse à faire du diamant...

LA MARQUISE.

Oui, je sais que vous vous occupez ensemble de ce grand œuvre... Et où en êtes-vous ?...

LILLA.

Très-avancés... Madame la marquise sait que le diamant ne se compose que de charbon cristallisé...

LA MARQUISE, riant.

Et vous avez déjà fait... du charbon ?...

LILLA.

Le diamant viendra...

LA MARQUISE, avec autorité.

Il est venu... Écoute : j'ai besoin que le chevalier ne doute pas un instant de ta science... et, comme je m'occupe aussi d'alchimie... (ouvrant un étui de velours), regarde !...

LILLA.

Bonté du ciel !... la merveilleuse pierre !... Mais elle vaut plus de vingt mille ducats !...

LA MARQUISE.

Tu la donneras pour dix mille...

LILLA.

A quel heureux acquéreur ?...

LA MARQUISE.

A ton associé, le chevalier Gennaro.

LILLA.

Mais il n'a pas le premier ducat, le pauvre seigneur

LA MARQUISE.

Il te fera une reconnaissance que tu remettras au Lombard Geronimo...

LILLA.

Mais le chevalier ne la payera point !

LA MARQUISE.

C'est là-dessus que je compte.

LILLA.

Je l'ai juré... Madame, fiez-vous à moi!...

ANIELLO, paraissant par la gauche, au fond.

Le chevalier Gennaro d'Albani est dans la galerie de tableaux...

LA MARQUISE.

Faites-le entrer ici, et dites que je suis à lui tout à l'heure.

(Aniello sort.)

LILLA.

Où reverrai-je madame la marquise?

LA MARQUISE.

Ce soir... à ma fête... Oh! grâce à moi, tu seras une vraie magicienne. Faire de l'or, du diamant, misère!

LILLA, se récriant.

Misère?...

LA MARQUISE, avec mystère.

Nous ferons mieux que cela... Silence!... A bientôt, gitanelle! à bientôt!...

(Elle sort par la gauche, et Aniello introduit aussitôt le Chevalier par la droite.)

SCÈNE VII

LILLA, GENNARO.

GENNARO.

Toi ici, Lilla!... chez la marquise!...

LILLA.

Qu'y a-t-il d'étonnant, chevalier?... La marquise subit la loi commmune.

GENNARO.

Oh! curiosité, ton nom est femme!... Elle t'a fait venir pour que tu lui dises sa bonne aventure?

LILLA.

Point...

GENNARO.

Pour quoi faire, alors?

LILLA.

Pour me consulter sur le grand œuvre...

GENNARO.

Hélas! en fait d'alchimie, nous ne sommes pas de première force.

LILLA.

Pas si faibles que vous croyez.

GENNARO.

Que veux-tu dire?

LILLA.

Combien y a-t-il que je ne vous ai vu?

GENNARO.

Je n'en sais, ma foi, rien...

LILLA.

Trois jours...

GENNARO.

C'est possible.

LILLA.

Eh bien, pendant ces trois jours, où probablement vous vous êtes ruiné au jeu...

GENNARO.

Triplement ruiné, Lilla!

LILLA.

Je me suis enrichie, moi...

GENNARO.

Bah!

LILLA, lui montrant le diamant.

Regardez!

GENNARO.

Un diamant!

LILLA.

Notre charbon cristallisé; ce qui revient au même...

GENNARO.

Comment! l'expérience commencée devant moi...?

LILLA.

A réussi en votre absence... Voilà tout...

GENNARO.

De sorte que ce diamant est à toi?

LILLA.

C'est-à-dire que ce diamant est à nous...

GENNARO.

A nous?...

LILLA.

Sans doute... Ne sommes-nous pas associés?...

GENNARO, vivement.

Lilla, ma part vaut-elle dix mille ducats?

LILLA.

Il paraît que vous avez besoin de cette somme?...

GENNARO.

Oui.

LILLA.

Pour quoi faire?

GENNARO.

Pour faire le tour de l'Italie...

LILLA.

Avec qui?

GENNARO.

Avec la Sirena...

LILLA.

Vous êtes amoureux d'elle?...

GENNARO.

Je l'aime comme un fou.

LILLA.

Ce n'est plus la Joconde, alors?...

GENNARO.

C'est toujours la même.

LILLA.

Avec changement de nom et de personne...

GENNARO.

Qu'importe!...

STANCES

I

J'aime l'or, ducat ou pistole...
Quand j'en manque, il m'en faut encor...
Et, sous quelque aspect qu'il s'envole,
A mes yeux, c'est toujours de l'or!...
Insensé celui qui réclame
Telle forme ou bien tel contour!
Pas si fou d'aimer une femme...
Je suis amoureux de l'amour!

II

A la brune ou bien à la blonde,
Jamais mon cœur ne se borne.
Hier, dis-tu, c'était la Joconde;
Aujourd'hui, c'est la Sirena...
Demain, Lilla, malgré le blâme,
Si tu veux, ce sera ton tour!
Pas si fou d'aimer une femme...
Je suis amoureux de l'amour!

LILLA.

Eh bien, chevalier, vous avez juste ce qu'il vous faut pour vous passer cette nouvelle fantaisie...

GENNARO.

Comment cela?

LILLA.

Ce diamant est estimé dix mille ducats...

GENNARO, prenant le diamant.

C'est dix mille ducats que je te dois.

LILLA.

Non, cinq mille!... N'était-il pas convenu que nous partagerions?

GENNARO.

C'est juste.

LILLA.

Seulement, signez-moi une reconnaissance de cinq mille ducats.

GENNARO.

Qu'en feras-tu, bon Dieu?

LILLA.

Je la passerai.

GENNARO.

On ne te la prendra pas!

LILLA.

Si fait.

GENNARO, tout en écrivant.

Allons, encore un miracle.

LILLA, à part.

Obéissons à la marquise... Ah! j'ai trouvé plus démon que moi.

GENNARO, donnant la reconnaissance.

Tiens, voilà mon billet! (Avec gravité.) Serre-le précieusement.

LILLA.

Oui; car, si on me le volait...

GENNARO, riant.

Il te faudrait consoler le voleur...

LILLA.

Au revoir, chevalier.

GENNARO.

Tu t'en vas?

LILLA.

Mé préparer pour la fête de ce soir.

GENNARO.

Et moi, j'irai vendre mon diamant à l'orfévre de la rue de Tolède...

LILLA.

Après avoir fait votre cour à la marquise. A bientôt, mon associé!

GENNARO.

A bientôt, ma diablesse!

(Lilla sort en faisant à part un signe de menace railleuse au Chevalier.)

SCÈNE VIII

GENNARO, seul, en extase devant le diamant qu'il tient à la main.

Ah! vive-Dieu! la riche pierre!... Pourrais-je douter maintenant du pouvoir de Lilla? Non! non! il faut y croire, les yeux fermés... ou plutôt, les yeux ouverts, devant ce merveilleux diamant, devant ce rayon de soleil!...

(La Marquise, qui est entrée depuis un instant par le fond, a écouté.)

SCÈNE IX

GENNARO, LA MARQUISE.

LA MARQUISE, s'avançant.

C'est vous, chevalier... Pardon, j'étais avec mes avocats et mes procureurs. Vous savez qu'en ce moment je suis en train de perdre toute ma fortune?

GENNARO.

Ou de la doubler. C'est un beau jeu, madame la marquise : huit millions d'un coup ! Tout le monde n'a pas le bonheur de jouer ce jeu-là...

LA MARQUISE.

Ah ! chevalier, que ne suis-je encore au temps où il m'eût été bien indifférent de perdre !... Un heureux temps !...

GENNARO.

Quel temps, madame ?

LA MARQUISE.

Celui où j'étais jeune et jolie... car j'étais jolie... (Elle lui présente un médaillon qu'elle porte en bracelet.) Jugez-en vous-même.

GENNARO.

Oh ! le charmant portrait ! quel esprit dans cette petite bouche ! quelle flamme dans ces grands yeux !

LA MARQUISE.

J'avais vingt ans quand il fut peint... A cette époque, j'eusse donné les millions que je viens disputer ici, pour un cœur qui m'eût aimé sincèrement.

GENNARO.

Ah ! vive-Dieu ! j'aurais été ce cœur-là... Avec vous, marquise, j'eusse affronté jusqu'au mariage...

LA MARQUISE, allant s'asseoir.

Mais qui vous dit, chevalier, que, moi, j'eusse accepté ce sacrifice ?

GENNARO, s'asseyant auprès d'elle.

Et pourquoi non, je vous prie ?

LA MARQUISE.

Le plus mauvais sujet de Palerme !... joueur, libertin, volage !... Qui voudrait de vous ?

GENNARO.

Oh ! pas moi, à coup sûr, si j'étais femme...

LA MARQUISE.

Ayant déjà mangé...

GENNARO.

Trois oncles et deux tantes... Total : cinq grands parents !

LA MARQUISE.

Ayant dédaigné, jusqu'à présent, les plus beaux mariages...

GENNARO.

Un seul... un seul au moins qui vaille la peine d'être regretté...

LA MARQUISE.

Lequel?

GENNARO.

Une jeune Vénitienne, veuve, très-riche, très-belle, disait-on...

LA MARQUISE.

Et que vous nommiez?

GENNARO.

J'avoue, marquise, que je ne m'étais informé que de la dot.

LA MARQUISE.

Et la dot était...?

GENNARO.

Splendide!

LA MARQUISE.

Qui a donc empêché le mariage de se faire, alors?

GENNARO.

La mort de mon troisième oncle... Un héritage, vous comprenez, marquise, c'est une dot sans femme, c'est-à-dire tout bénéfice.

LA MARQUISE, riant.

Impertinent!... Mais votre jeune veuve doit être furieuse?

GENNARO.

Du service que je lui ai rendu... en ne l'épousant pas?... Elle serait bien ingrate!

LA MARQUISE.

Refuser cette jeune fille aussi légèrement... Fou que vous êtes!...

GENNARO.

Sage, marquise!... sage comme le grand roi Salomon, au contraire!... Il faut avoir trois cents femmes, ou n'en pas avoir du tout...

LA MARQUISE, se levant.

Vous êtes incorrigible!

GENNARO, de même.

Je l'espère bien; et la preuve, c'est que, ce soir, à votre fête, je veux jouer un jeu d'enfer...

LA MARQUISE.
Vous y viendrez, alors ?

GENNARO.
Je me garderai bien d'y manquer.

LA MARQUISE.
A moins que vous ne trouviez la Sirena sur votre route !

GENNARO, galamment.
Je regarderai du côté d'où je viens, et non du côté où elle ira.

LA MARQUISE.
Ah ! le triomphe sera grand !... Vingt ans battus par soixante...

GENNARO, se récriant.
Soixante ans, marquise ?... Elle ne les a pas encore, c'est vrai ; mais, vous, quand vous souriez, vous ne les avez plus.

SCÈNE X

Les Mêmes, MALATESTA.

MALATESTA, entrant avec joie.
Gagné, marquise ! gagné !...

LA MARQUISE.
Le jugement est rendu ?...

MALATESTA.
A l'unanimité !... pas un juge n'a fait défaut à la justice.

GENNARO, riant.
Non !... mais peut-être est-ce la justice qui a fait défaut aux juges.

LA MARQUISE.
Laissez-moi, mon cher podesta, vous parler de ma reconnaissance...

MALATESTA, montrant Gennaro avec dépit.
Peut-être le moment pourrait-il être mieux choisi...

GENNARO.
En effet... et je remercie le seigneur Malatesta de m'avoir fait apercevoir de mon indiscrétion... Marquise, recevez tous mes compliments... (Il lui baise la main. — A part.) Je crois, Dieu me pardonne, que je m'oubliais... Vite, vite chez le joaillier !

(Il sort.)

SCÈNE XI

LA MARQUISE, MALATESTA.

LA MARQUISE.

Ainsi, mon cher podesta, le procès est gagné ?

MALATESTA.

A fond...

LA MARQUISE.

Croyez bien que jamais je n'oublierai... Je suis d'une joie !...

MALATESTA.

Oh ! madame, la mienne surpasserait la vôtre... si je n'avais rencontré chez vous ce maudit Gennaro... Tenez, lorsque je le vois près de vous, marquise...

LA MARQUISE.

Le chevalier ?... Mais je le déteste !...

MALATESTA, stupéfait.

Hein !... quoi !... est-il possible !... Vous lui témoignez une amitié, une sympathie...

LA MARQUISE.

Pour mieux assurer sa ruine... Oh ! c'est toute une vieille histoire... une haine de famille... Mais ma vengeance ne sera pas une vengeance corse, à coups de stylet... Fi donc ! ce sera une vengeance féminine... à coups d'épingle... qui commencera ce soir...

MALATESTA.

Ce soir ?...

LA MARQUISE.

Oui, je veux que, ce soir, le chevalier perde au jeu tout ce qu'il possède...

MALATESTA.

Comment faire ?...

LA MARQUISE.

N'avez-vous pas sous la main quelque joueur heureux ?...

MALATESTA.

Heureux, non.

LA MARQUISE.

Adroit, alors...

MALATESTA.

C'est différent... J'ai justement l'œil sur un brillant étranger, un seigneur athénien, qui demeure ici près, et que je voulais faire arrêter ce soir...

LA MARQUISE.

Ne le faites arrêter que demain, et envoyez-lui de ma part une de ces invitations...

(Elle montre des billets épars sur une table.)

MALATESTA.

Je comprends...

LA MARQUISE.

Il se nomme ?

MALATESTA, écrivant l'adresse.

Le seigneur Archicaropoulos...

LA MARQUISE.

Inconnu du chevalier ?...

MALATESTA.

A Palerme depuis peu de jours seulement...

LA MARQUISE.

Est-il habile ?...

MALATESTA.

De première force !...

COUPLETS.

I

C'est un Grec,
C'est un Grec
Poli comme un gentilhomme,
Ayant le sourire au bec ;
Mais, s'il convoite une somme,
Au jeu, pour lui, pas d'échec !...
C'est un Grec,
C'est un Grec !

LA MARQUISE, parlé.

A merveille !

MALATESTA.

II

C'est un Grec,
C'est un Grec !
Vous connaissez le Pactole...

Eh bien, s'il jouait avec,
Ah! bientôt, sur ma parole,
Le fleuve serait à sec...
C'est un Grec,
C'est un Grec!

LA MARQUISE.

Voici nos invités qui arrivent.

MALATESTA, sortant.

J'envoie à l'instant querir notre homme...

LA MARQUISE.

Et donnez-lui bien vos instructions!...

(Toutes les tentures du fond s'ouvrent. — La Marquise va recevoir des Dames qui entrent.)

SCÈNE XII

LA MARQUISE, ASCANIO, Dames et Gentilshommes, Musiciens, au fond.

CHŒUR

Quel beau jour nous luit!
Oui, tout nous séduit...
Tout vient, en ces lieux,
Enivrer nos yeux...
Musique charmante,
Palais enchanté;
Qu'on fête et qu'on chante
Une déité!
Oui, chantons
Et fêtons
La beauté,
Les jeux et la gaîté!

ASCANIO.

I

Vive, vive notre belle Sicile,
Nobles amis!
Le plaisir aimable, doux et facile
Nous est permis!
Sous un ciel pur et tranquille,
De nos jours

Charmons le cours!
A nous toujours
Plaisirs, amours!

II

Vive, vive notre riche patrie,
Reine des cœurs!
Sur ces bords charmants, ah! pour nous la vie
N'a que des fleurs!
Chantons la terre fleurie
Où les jours
Passent si courts!
A nous toujours
Plaisirs, amours!

CHŒUR.

Quel beau jour nous luit, etc.
(On entend la musique de la fête qui continue à l'extérieur.)

SCENE XIII

LA MARQUISE, ASCANIO, INVITÉS, au fond; puis LILLA.

LA MARQUISE.

Je vous sais gré, mon cher Ascanio, de ne m'avoir point oubliée...

ASCANIO.

Oh! c'est trop de bonté de me remercier du bonheur que vous me procurez, chère cousine!

LA MARQUISE, vivement, à demi-voix.

Chut!

ASCANIO.

C'est juste! il ne faut pas que l'on se doute de notre parenté, Gennaro surtout... Moi qui conspire avec vous contre lui!...

LA MARQUISE.

Ainsi, je puis compter sur vous, Ascanio?...

ASCANIO.

Toujours!... Empêcher une femme de se venger, ce serait porter atteinte à ses plaisirs... Je n'aurais garde!...

LA MARQUISE.

A l'œuvre, alors!

ASCANIO.

A l'œuvre!...

(Ascanio s'éloigne d'un côté. — Lilla entr'ouvre la porte secrète à gauche et paraît en riche costume de Bohême.)

LILLA.

Peut-on entrer?...

LA MARQUISE.

Je le crois bien!... Comme tu es belle!...

LILLA.

Pour combattre aux côtés de madame la marquise, j'ai mis mon costume de guerre!

LA MARQUISE.

Alors, mes ordres?...

LILLA.

Sont exécutés.

LA MARQUISE, avec mystère.

Le chevalier n'a aucun doute?...

LILLA.

Sa confiance en moi est plus grande que jamais... Je me charge de le conduire en enfer, rien qu'avec un cheveu de moi...

LA MARQUISE.

Et en paradis?...

LILLA.

Dame! ce serait plus difficile : la route va en montant... Il me faudrait, pour cela, un cheveu de madame la marquise...

LA MARQUISE.

On te le donnera, démon, lorsque l'heure de te le donner sera venue.

LILLA.

Noir ou blanc?

LA MARQUISE.

Noir!

LILLA.

Alors, la chose ira toute seule.

LA MARQUISE.

Chut!...

SCÈNE XIV

Les Mêmes, MALATESTA.

La musique du bal continue toujours dans les galeries du fond.

MALATESTA, s'approchant de la Marquise, et à demi-voix.

Notre homme est aux prises avec le chevalier, et la partie s'achève.

LA MARQUISE.

Grand merci!... Vous permettez?...

(Elle se mêle à un groupe d'Invités.)

MALATESTA, prenant Lilla à part, et rapidement.

As-tu parlé à la marquise?

LILLA.

Elle vous veut grand bien!

MALATESTA.

Le chevalier?...

LILLA.

Elle lui veut grand mal!

MALATESTA.

J'ai donc l'espoir...?

LILLA.

Mieux que cela! vous avez la certitude...

MALATESTA, avec joie.

Je l'avais deviné... Je suis si perspicace!...

LILLA, voyant paraître à droite Gennaro très-agité.

Le chevalier!... Ah! mon Dieu! quelle figure!

MALATESTA, regardant Gennaro avec ironie.

Ah! ah! pas plus de chance au jeu qu'en amour!... La catastrophe me paraît complète... (Entraînant Lilla par le fond à gauche.) Viens, petite, vieus causer de mon bonheur!

SCÈNE XV

GENNARO, puis ASCANIO, puis LA MARQUISE, TOUS LES INVITÉS.

Musique à l'extérieur.

GENNARO.

Sort maudit!... perdu!... ruiné!... plus un seul ducat!... Ah! mes beaux rêves de ce matin!...

(Il s'assied avec désespoir.)

ASCANIO, rentrant et s'approchant de Gennaro.

Chevalier, je te cherchais.

GENNARO, distrait.

Pourquoi?

ASCANIO.

Pourquoi?... Pardieu! pour que tu me payes... Tu sais, notre gageure, à propos de la Sirena... Tu as parié que tu l'enlèverais à tes rivaux...

GENNARO.

Mais ce n'est que demain.

ASCANIO.

Comme, demain, tu seras sous les verrous, et probablement pour longtemps, j'aime autant régler nos comptes tout de suite...

GENNARO.

Sous les verrous?...

ASCANIO.

Sans doute... Oh! un cortége brillant t'attend aux portes de ce palais... le Lombard Geronimo en tête... escorté de gens de justice... Il parle, lui, d'une reconnaissance de cinq mille ducats... Ce n'est rien encore; mais tes autres créanciers, entraînés par l'exemple, se sont mis de cette joyeuse partie...

GENNARO.

Saisi, arrêté, appréhendé, alors?...

ASCANIO.

A ta sortie de chez la marquise... Oh! ta suite sera pompeuse : tous les vieux usuriers de Palerme...

GENNARO, frappant sur ses poches.

Et plus rien !... rien !... rien !...

(La Marquise revient en scène, suivie des Invités.)

UN MAJORDOME, entrant.

Madame la marquise est servie !

LA MARQUISE.

A table, messieurs ! à table !... (S'approchant de Gennaro.) Chevalier, votre bras...

GENNARO, bas.

Madame, un instant d'entretien, je vous en prie...

LA MARQUISE.

Volontiers !... (Aux Invités.) Messieurs, quelques minutes encore, et je suis toute à vous...

(Les Invités disparaissent dans les galeries du fond ; à leur sortie, la musique à l'extérieur s'éteint doucement.)

SCÈNE XVI

LA MARQUISE, GENNARO.

LA MARQUISE.

Parlez, chevalier, nous sommes seuls. Je vous écoute...

GENNARO.

Marquise, vous voyez un homme dans le plus grand embarras...

LA MARQUISE.

Vous m'effrayez !... Qu'y a-t-il ?...

GENNARO.

Marquise, votre palais est en état de siége !

LA MARQUISE.

Comment cela ?

GENNARO.

Cerné, ni plus ni moins qu'une ville de guerre.

LA MARQUISE.

Et par qui, bon Dieu ?

GENNARO.

Par une armée de Lombards, de créanciers, de recors...

LA MARQUISE.

Impossible !... Je ne connais pas tous ces gens-là...

GENNARO.

Oui, mais je les connais, moi !

LA MARQUISE, avec commisération.

Ah! mon pauvre chevalier, que puis-je faire pour vous?...

GENNARO.

Accordez-moi l'hospitalité pour une nuit... Ils se lasseront de m'attendre, et (galamment), comme je ne me lasserai pas, moi, de rester près de vous, ils finiront par me livrer passage...

LA MARQUISE, se récriant et minaudant.

Y pensez-vous, chevalier?... Que dirait-on, grand Dieu! si l'on savait que le plus séduisant mauvais sujet de toute la Sicile a passé la nuit sous mon toit?... Mais je serais perdue de réputation!...

GENNARO.

Qui le saura, madame?

LA MARQUISE.

Tout Palerme... N'êtes-vous pas connu pour votre indiscrétion?... Que de femmes vos méchants propos ont perdues!...

DUO

GENNARO, suppliant.

Laissez-vous attendrir, marquise!
Vous le voyez, je suis à vos genoux.
Permettez qu'en vos yeux je lise
La faveur que j'attends de vous.

LA MARQUISE.

Chevalier, si j'étais surprise
Avec un beau jeune homme à mes genoux,
On dirait que je m'humanise...
Au nom du ciel, relevez-vous!

GENNARO.

Madame, l'urgence est si grande,
Que, m'exposant à tout votre courroux,
Je renouvelle ma demande,
En dépit des regards jaloux.

LA MARQUISE.

Relevez-vous! relevez-vous!
Ou bien redoutez mon courroux!...

GENNARO.

J'obéis, madame, et vous prie
D'avoir quelque pitié de moi...

LA MARQUISE.
Les romans de chevalerie
Sont-ils de votre goût?...
            GENNARO, étonné.
                        Pourquoi?...
    LA MARQUISE.
C'est que je voudrais vous en lire
Un qui n'est point connu de vous...
Vous saurez comment don Ramire,
Par un beau soir, devint l'époux
De la vieille princesse Elvire...
    GENNARO, avec quelque impatience.
Qu'ont de commun, marquise, y pensez-vous,
Ce chevalier, cette princesse et nous?

LA MARQUISE s'est assise près de la table à gauche. Elle a ouvert un livre et fait un signe à Gennaro, qui s'approche. — Lisant.

« Elvire régnait à Murcie
Et voyait briller à sa cour
Un chevalier d'Andalousie,
Véritable miroir d'amour.

» Par malheur pour la vieille reine,
Il avait juré, par Vulcain,
De ne jamais porter la chaîne
De ce tyran qu'on nomme Hymen.

» La vieille princesse, au contraire,
Avait fait serment, sur son nom,
De le ranger sous la bannière
Dont saint Joseph est le patron...
    (Gennaro, très-intrigué, recule avec agitation.)

» Or, il advint qu'un jour, Ramire,
De noirs enchanteurs tourmenté,
Vint à la vieille reine Elvire
Demander l'hospitalité.
    (Elle a posé son livre sur la table et se lève.)

» — Ayez pitié de ma détresse!...
Sauvez un pauvre paladin,
Et dans votre château, princesse,
Abritez-le jusqu'à demain!

» Mais, à cette prière instante,
Opposant toujours son honneur,

La princesse, en dame prudente,
Répondit au gentil seigneur :

» — Hélas! votre prière est vaine,
Mon beau chevalier, voyez-vous,
Le toit de sage châtelaine
Ne doit abriter qu'un époux!... »

GENNARO, avec effroi.
Un époux!

LA MARQUISE.
Un époux!
Et, maintenant, comprenez-vous
Les rapports existant entre la vieille reine,
Le chevalier Ramire... et nous?...

GENNARO, très-agité.
Un époux!... ah! diable! un époux!

LA MARQUISE.
Mais j'oubliais... La noble dame
Au chevalier donna le temps de réfléchir...

GENNARO, respirant.
Ah!

LA MARQUISE.
Dix minutes...

GENNARO, à part.
Sur mon âme,
Je me sens près de défaillir!...
(Haut.)
Voyons, écoutez-moi, madame...

LA MARQUISE.
Chevalier, je vais revenir...

GENNARO.
Marquise!

LA MARQUISE.
Hélas! votre prière est vaine,
Mon beau chevalier, voyez-vous,
Pour rester chez la châtelaine
Il faut devenir son époux.

GENNARO, à part.
Son époux! diable! son époux!

LA MARQUISE.
Son époux!...

Et, maintenant, comprenez-vous
Les rapports existant entre la vieille reine,
Le chevalier Ramire et nous?

GENNARO, avec un grand dépit.

Oui, oui, je comprends, grâce à vous,
Les rapports existant entre la vieille reine,
Le chevalier Ramire et nous...

(A la Marquise, avec instance.)

Mais écoutez encore!...

LA MARQUISE, faisant une profonde révérence.

Un époux!...

GENNARO, avec désespoir.

Un époux!

(Nouvelle révérence de la Marquise, qui se retire. — En sortant, elle rencontre Lilla, à qui elle fait un signe d'intelligence.)

SCÈNE XVII

GENNARO, puis LILLA.

GENNARO, marchant à grands pas.

Mais c'est un guet-apens abominable!... c'est une trahison infâme!... Ah! te voilà, Lilla... C'est le ciel qui t'envoie...

LILLA.

Par ma foi, je ne croyais pas descendre de si haut.

GENNARO.

Lilla, je n'ai plus d'espoir qu'en toi...

LILLA.

Vraiment?

GENNARO.

Tu ne sais pas ce qui m'arive?...

LILLA.

Si fait!... La marquise refuse de vous donner l'hospitalité...

GENNARO.

Non!... mais elle y met une condition...

LILLA.

Laquelle?

GENNARO.

C'est que, ce soir, séance tenante, je l'épouserai... (Frémissant.) Brrrou!...

5.

LILLA.

Comment! la marquise vous offre sa main?...

GENNARO.

Oui, Lilla!

LILLA.

Et vous refusez?...

GENNARO.

Mais elle a soixante ans, Lilla!...

LILLA.

Mais elle a des millions, chevalier!...

GENNARO.

Toutes les femmes se moqueront de moi!

LILLA.

Tous les hommes vous envieront!

GENNARO.

Tais-toi, serpent! car, sur mon âme, j'accepterais!...

FINALE

LILLA, avec enthousiasme.
Des villas! des palais!
Des chevaux! des valets!
Des carrosses brillants,
Et des vins de cent ans!
De vastes coffres-forts
Où l'on peut, sans efforts,
Puiser, avec transports,
Les plus riches trésors!

GENNARO.
Mais la honte, l'affront...
Et la rougeur au front?...

LILLA.
Que craignez-vous encor?...
On met un masque d'or.

GENNARO.
Tais-toi!... c'est le démon
Qui me tente!...

LILLA.
   Allons donc...
Le diable est bon garçon!

ENSEMBLE

Des villas! des palais!
Des chevaux! des valets!
Des carrosses brillants,
Et des vins de cent ans!
De vastes coffres-forts,
Où l'on peut, sans efforts,
Puiser, avec transports,
Les plus riches trésors!

SCÈNE XVIII

Les Mêmes, Danseuses bohêmes, tous les Invités, puis LA MARQUISE, MALATESTA, ASCANIO, ANIELLO.

CHŒUR

(Danse pendant le chœur.)

La joyeuse nuit!
Oui, tout nous séduit,
Et vient, en ces lieux,
Enivrer nos yeux!
Musique charmante,
Palais enchanté!
Qu'on fête et qu'on chante
Une déité!...

La Marquise s'est avancée doucement et fait un signe mystérieux à Lilla, qui entraîne au fond les Invités et les Danseurs. — La danse continue au fond pendant la scène qui suit.)

LA MARQUISE, qui s'est aprochée de Gennaro, rêveur, à demi-voix.

Avez-vous au roman d'Elvire,
Beau chevalier, réfléchi jusqu'au bout?

GENNARO, tristement.

Oui, marquise, et je crois qu'il ne reste à Ramire
Qu'à dire : « Je consens à tout!... »

LA MARQUISE.

Ainsi, lorsqu'à vous je m'adresse,
A qui parlé-je?...

GENNARO.

A votre fiancé.

LA MARQUISE.

Songez-y bien, cette promesse
N'est point un vain mot prononcé...

GENNARO.

Marquise, à vos genoux j'engage
Ma personne, mon cœur, ma foi !
Prenez-en cet anneau pour gage...

LA MARQUISE, lui donnant un médaillon.

Vous, prenez ce portrait... Ce portrait, c'était moi...

GENNARO.

Ce portrait, c'était vous !...

(A part.)

Pourquoi
N'est-ce plus elle !... Quel dommage !...

LA MARQUISE, à tous les Invités, qui reviennent en scène.

Venez tous, seigneurs ! venez tous !
Je vous annonce une nouvelle...

(Regardant Malatesta.)

Qui va faire plus d'un jaloux...
A l'amour jusqu'ici rebelle,
Je me marie...

MALATESTA, à part avec joie. s'avançant.

Elle est fidèle
Au pacte souscrit entre nous...

TOUS, s'avançant.

Et quel est cet heureux époux ?...

MALATESTA, tout triomphant.

C'est moi...

LA MARQUISE, présentant Gennaro.

Le voici !

MALATESTA, éperdu.

Quoi !

TOUS.

Gennaro, son époux !

LILLA, ASCANIO, ANIELLO et LE CHŒUR, avec explosion.

Quel brillant hyménée !
Amis, célébrons tous
La belle destinée
De ces nobles époux.
Que cette nuit s'achève
Au bruit des chants d'amour !
L'aurore qui se lève
Présage un plus beau jour !

GENNARO, à part.
Quel fatal hyménée!
Trop malheureux époux
Faut-il, ô destinée!
Subir ainsi tes coups!
Oui, mon malheur s'achève;
C'en est fait, sans retour!
Adieu donc, mon beau rêve
De plaisirs et d'amour!

LA MARQUISE, regardant tendrement Gennaro.
Quel heureux hyménée!
Auprès d'un tendre époux,
Pour toujours enchaînée,
Du sort bravons les coups!
Que cette nuit s'achève
Au bruit des chants d'amour!
L'aurore qui se lève
Présage un plus beau jour!

MALATESTA, avec fureur, à part.
Trop fatal hyménée!...
Il devient son époux!
Ma flamme est dédaignée...
Qu'il craigne mon courroux!
Oui, mon malheur s'achève;
C'en est fait, sans retour!
Adieu donc, mon beau rêve
De fortune et d'amour!

LA MARQUISE, aux Invités
Partagez le bonheur que le ciel nous envoie!...

ASCANIO, à ses amis.
Jusqu'à demain, qu'on danse et qu'on festoie!...

GENNARO, d'un ton de reproche à Lilla, qui s'est approchée de lui.
Toi qui, dans tes prédictions,
Me promettais bonheur et joie!

LILLA, riant.
Eh bien, vous êtes sur la voie...
Vous épousez des millions!

MALATESTA, avec colère, à Lilla, qui s'est avancée ensuite vers lui d'un air railleur.
Lilla!... Lilla!... gare à la corde!...
Je devais être heureux...

LILLA.
Miséricorde!...

Plaignez-vous donc,
Vous qui restez garçon!

REPRISE GÉNÉRALE

LILLA, ASCANIO, ANIELLO et LE CHŒUR.
Quel brillant hyménée!
Amis, célébrons tous
La belle destinée
De ces nobles époux.
Que cette nuit s'achève
Au bruit des chants d'amour!
L'aurore qui se lève
Présage un plus beau jour!

GENNARO, à part.
Quel fatal hyménée!
Trop malheureux époux!
Faut-il, ô destinée!
Subir ainsi tes coups!
Oui, mon malheur s'achève;
C'en est fait, sans retour!
Adieu donc, mon beau rêve
De plaisirs et d'amour!

LA MARQUISE, regardant Gennaro d'un air tendrement ironique.
Quel heureux hyménée!
Auprès d'un tendre époux,
Pour toujours enchaînée,
Du sort bravons les coups!
Que cette nuit s'achève
Au bruit des chants d'amour!
L'aurore qui se lève
Présage un plus beau jour!

MALATESTA, avec rage.
Trop fatal hyménée!
Il devient son époux!
Ma flamme est dédaignée...
Ah! quel est mon courroux!...
Oui, mon malheur s'achève;
C'en est fait, sans retour!
Adieu donc, mon beau rêve
De fortune et d'amour!

(Danse et ballet pendant cette reprise. — On entoure la Marquise, on la complimente. — Gennaro jette un dernier regard sur sa femme et la montre à Lilla en faisant un geste comique de désespoir.)

ACTE DEUXIÈME

Une terrasse de la villa de la Marquise. — A gauche, la façade de la maison, au péristyle de laquelle on arrive par quelques marches de marbre. A droite, un pavillon. La terrasse est garnie de citronniers, de vignes et de jasmins d'Espagne. — On aperçoit au fond, derrière la balustrade de marbre de la terrasse, des rochers qui s'étendent au loin. Une table de pierre près du pavillon. — Siéges et bancs de jardin sur le devant de la scène.

SCÈNE PREMIÈRE

GENNARO, ASCANIO, LEONI, LELIO, MARCO, Amis et
Créanciers de Gennaro, Valets.

Au lever du rideau, Gennaro est assis à la table, devant un coffre plein d'or, dans lequel il puise à pleines mains. — Des Créanciers l'entourent. — Des Gentilshommes forment un autre groupe et tiennent des coupes à la main. — Ils sont servis par des Valets qui circulent avec des plateaux chargés de bouteilles, de sorbets et de conserves.

CHŒUR DES CRÉANCIERS

A nous tout l'or de la marquise !
Qu'il se répande à flots pressés !
A nous cet or que rien n'épuise !
Nous ne dirons jamais : « Assez ! »

LES GENTILS-HOMMES, *buvant.*

A nous les vins de la marquise !
Pour nous à flots qu'ils soient versés !
A nous ces biens que rien n'épuise !
Nous ne dirons jamais : « Assez ! »

GENNARO.

Je suis dans un jour d'abondance !

(Aux Usuriers.)

Venez, créanciers malappris,
Qui m'avez fait, par violence,
Le plus fortuné des maris...

(Un Majordome leur donne des rouleaux d'or et les chasse. — A ses amis.)

Et vous, mes compagnons de fêtes,
Qui pouviez douter de ma foi...

Venez! je veux payer mes dettes...
C'est un plaisir nouveau pour moi!...

(A un ami.)

As-tu tout, Lelio?

LELIO.

Reprends ceci, j'ai honte
De profiter ainsi de ton esprit distrait;
J'ai vingt ducats plus que mon compte!

GENNARO, gaiement.

Garde, ami, c'est pour l'intérêt!

LEONI, s'avançant.

Cent sequins...

GENNARO.

Les voici; prends, la mine est féconde...

(A un autre.)

Tiens, Marco...

MARCO.

Que fais-tu?

GENNARO.

Quoi! ne te dois-je pas?...

MARCO.

Au contraire!... c'est moi qui te dois cent ducats!...

GENNARO.

Huitième merveille du monde!...
Viens! car, dans ma stupeur profonde,
Je veux te contempler du haut jusques en bas!...

(A ses amis.)

Regardez bien ce beau jeune homme...
Messieurs, il est mon débiteur...
Il me doit cent ducats...Tiens, prends deux fois la somme!...
Nous voilà quittes!

TOUS.

En honneur,
On ne saurait être plus gentilhomme!
On ne saurait être plus grand seigneur!

GENNARO, à Ascanio.

Viens!... à ton tour!

ASCANIO.

C'est ce soir, à nuit close,
Que notre compte, à nous, sera réglé...

LE ROMAN D'ELVIRE

GENNARO.

Comment?...

ASCANIO.

Ce soir, n'oublions pas la clause :
Avec la Sirena, tu dois, furtivement,
Pour l'Arno quitter le Potose...
C'est un pari fait entre nous :
Messieurs, vous en souvenez-vous?...

TOUS.

Oui, nous nous en souvenons tous!

GENNARO.

Je m'engage encor devant vous!

Si la brise folle
M'emporte ce soir;
Si dans ma gondole
Je te laisse voir,
Sirena, dans l'ombre,
Avec moi fuyant
Vers l'occident sombre
Ou vers l'orient;

Si ma noble épouse,
Nouvelle Didon,
Chagrine et jalouse,
Répète mon nom;
Si son œil humide
Cherche, en l'implorant,
A l'horizon vide
Mon navire errant;

Si, de Naple ou Rome,
Bientôt je t'écris,
En franc gentilhomme,
Tu dis : « Je suis pris! »
Mais, si, dans la ville,
On m'a retenu,
Joueur inhabile,
Ami, j'ai perdu!

Si, de la gageure,
Je suis le gagnant,
Si, de l'aventure,
Je sors triomphant,

Ami, dans ma gloire,
Je serai peu fier;
Souvent la victoire
Nous coûte assez cher!

Tout, dans cette vie,
Est si décevant!
La route fleurie
Est sable mouvant!...
Est-il cœur de femme
Qui brûle toujours
D'une ardente flamme,
De constants amours?...

On adore un ange,
On perd la raison...
Et puis, en échange,
On trouve un démon!...
Et, dans son martyre,
Amant éperdu,
On ne peut que dire :
« Hélas! j'ai perdu! »

TOUS, riant.

Il a raison!...

(Reprenant leurs verres et buvant.)

A nous les vins de la marquise!
Pour nous à flots qu'ils soient versés!
A nous ces biens que rien n'épuise!
Nous ne dirons jamais : « Assez! »

SCÈNE II

Les Mêmes, MALATESTA.

GENNARO.

Ah! le signor Malatesta!... Soyez le bienvenu!... Votre Exellence vient-elle pour moi, ou vient-elle pour la marquise?

MALATESTA.

Pourquoi cela?

GENNARO.

Parce que, si Votre Excellence vient pour moi, comme nous allons faire une petite promenade dans les environs, on fera seller un cheval de plus ; tandis que, si, au contraire, Votre Excellence vient pour la marquise...

MALATESTA ironiquement.

Je viens pour madame la marquise...

GENNARO, à un Valet.

Prévenez madame la marquise...

ASCANIO.

Y penses-tu, Gennaro?... Prends-garde ! prends-garde !... Ne sais-tu pas que Sa Seigneurie soupirait pour ta femme ?...

GENNARO.

Si fait, parbleu !

ASCANIO.

Sa Seigneurie était même fort éprise... malgré ses douze lustres...

MALATESTA.

Monsieur, vous me donnez un lustre de trop... Je ne l'accepte pas !...

GENNARO.

Sans doute !... et le cœur de Sa Seigneurie est toujours jeune...

ASCANIO.

Oui, oui !... il ressemble à notre volcan, à l'Etna, qui ne flambe plus, mais qui fume toujours...

TOUS, riant.

Ah ! ah ! ah !

GENNARO.

Je vous laisse, seigneur Malatesta ; vous le voyez, je ne suis point un mari jaloux ; faites votre cour à ma femme !... faites !... Elle est charmante, ma femme !... Venez, messieurs, venez !...

(Ils sortent par le fond à droite.)

SCÈNE III

MALATESTA, puis LA MARQUISE.

MALATESTA.

Va, va, Gennaro maudit ! je me vengerai ! j'en ai les moyens. On n'est pas chef de la police pour rien... On connaît tes projets, on est perspicace... Je dirai à la marquise... Justement, la voici...

LA MARQUISE, *entrant par la gauche, accompagnée d'un petit Nègre qui l'abrite avec un parasol et qui va au fond attendre sa maîtresse.*

Mon cher podesta, j'apprends que vous êtes ici, et j'accours... (Lui tendant la main.) Vous savez que je vous aime toujours...

MALATESTA.

Vous savez que je vous déteste, que je vous abhorre!...

LA MARQUISE.

Vraiment?... Et pourquoi?...

MALATESTA.

Parce que vous avez abusé de ma candeur et porté la désillusion dans mon âme...

LA MARQUISE.

Moi?...

MALATESTA.

Vous!... Comment! vous me dites que vous haïssez le chevalier, que vous n'avez qu'un désir, celui de vous venger de lui...

LA MARQUISE.

Eh bien, quelle meilleure vengeance que de faire épouser à un jeune homme une femme de soixante ans?...

MALATESTA.

Ah! marquise, si vous traitez ainsi vos ennemis, que ferez-vous pour vos amis?...

LA MARQUISE.

Vous trouvez donc son sort bien digne d'envie!...

MALATESTA.

C'est-à-dire que je n'en désirais pas d'autre... tandis que lui...

LA MARQUISE.

Lui?...

MALATESTA.

Lui, votre époux depuis une heure à peine!...

LA MARQUISE.

Eh bien?

MALATESTA.

Eh bien, il vous trompe déjà!...

LA MARQUISE, *riant.*

Mais que voulez-vous donc qu'il fasse, bon Dieu?...

MALATESTA.

Comment! marquise, vous n'êtes pas jalouse?...

LA MARQUISE.

Malatesta, vous m'avez dit cent fois que j'avais de l'esprit...

MALATESTA.

Sans doute.

LA MARQUISE.

Vous avez donc menti cent fois ?

MALATESTA.

Je ne vous comprends pas.

LA MARQUISE.

Croire que j'aurais le ridicule d'être jalouse d'un jeune homme...

MALATESTA.

Cependant...

LA MARQUISE.

Avec mes idées...

MALATESTA.

Mais enfin...

LA MARQUISE.

Avec mes cheveux blancs...

MALATESTA.

Marquise, de grâce...

LA MARQUISE.

Et qu'a donc fait ce pauvre Gennaro ?...

MALATESTA.

Il vient de monter à cheval avec ses amis...

LA MARQUISE.

Pour visiter le parc?

MALATESTA.

Pour aller à Palerme.

LA MARQUISE.

Et que va-t-il faire à Palerme?

MALATESTA.

Retrouver une femme avec laquelle il doit partir...

LA MARQUISE, souriant.

Il ne partira pas!

MALATESTA.

Je vous dis que je l'ai vu monter à cheval...

LA MARQUISE.

Cela n'y fait rien...

MALATESTA.

Vraiment, vous êtes d'une sécurité !...

LA MARQUISE.

Et vous, d'une défiance !...

MALATESTA.

Mais, quand je vous dis...

LA MARQUISE.

Tenez, le voilà.

SCÈNE IV

Les Mêmes, GENNARO.

GENNARO, entrant par le fond, à droite, d'une voix altérée.

Mille pardons, madame !... mais voudriez-vous bien me faire la grâce de me dire à quel titre je suis dans ce château?

LA MARQUISE.

Mais à titre de seigneur et maître, mon cher chevalier.

GENNARO.

En ce cas, d'où vient qu'il m'est défendu d'en sortir?

LA MARQUISE.

Ah ! vraiment...

MALATESTA, à part.

Je vois pourquoi elle était si tranquille.

GENNARO.

D'où vient que les grilles sont fermées, et que, lorsque j'ai voulu me les faire ouvrir, les concierges m'ont répondu que les clefs leur avaient été enlevées par votre ordre?... Que signifie cela, madame?... Voilà ce que je désire savoir. Ces hommes sont-ils des valets insolents qu'il faut que je châtie... ou bien est-ce à vous que je dois m'en prendre?

LA MARQUISE, se tournant avec calme vers Malatesta.

Mon cher podesta, vous comprenez que, pour l'explication que j'ai à donner au chevalier...

MALATESTA, à demi-voix.

Mais, madame, rester seule avec ce jeune homme emporté ! Voyez son agitation, sa colère...

LA MARQUISE, bas.

Vous pouvez vous éloigner sans crainte, mon cher Malatesta...

MALATESTA, de même.

En tout cas, madame, je reviendrai bientôt ; car mon inquiétude... Mais pourrai-je sortir, moi ?...

LA MARQUISE.

Parfaitement ; le chevalier seul...

MALATESTA.

Je comprends... A bientôt ! (A part.) Oh ! rival odieux !... mon œil perspicace reste fixé sur toi !

(Il sort.)

SCÈNE V

GENNARO, LA MARQUISE.

GENNARO, avec impatience.

Maintenant, madame, veuillez me répondre : suis-je prisonnier ici ?...

LA MARQUISE, allant s'asseoir sur un banc, et se débarrassant d'une coiffe et de sa mante de moire, qu'elle laisse sur le siége.

Écoutez-moi, mon cher chevalier...

GENNARO.

Je vous écoute...

LA MARQUISE.

Ne croyez pas que j'aie pris au sérieux les compliments que vous avez bien voulu m'adresser ; mais il faut, vraiment, faire aussi quelque chose pour le monde... Voyons, chevalier, toute femme, jeune ou vieille, a son orgueil ; faites quelque chose pour le mien : accordez-moi huit jours, et je vous rends le reste de votre existence,..

GENNARO.

Madame, mes amis m'attendent ; il faut que j'aille les rejoindre ; il faut que je sorte avec eux !...

LA MARQUISE.

Huit jours sont bientôt passés, chevalier... Accordez-moi ces huit jours...

GENNARO.

Impossible, madame !

LA MARQUISE, se levant.

Prenez-garde ! si vous ne voulez pas les donner, vous m'obligerez à les prendre.

GENNARO.

Comment?...

LA MARQUISE.

Vous l'avez dit, vous êtes mon prisonnier.

GENNARO, s'animant.

Madame, vous engagez avec moi une dangereuse partie!... Il n'y a pas de murs si élevés, il n'y a pas de grille si forte qui puissent me retenir là où ma volonté n'est pas de rester...

LA MARQUISE.

Je vous remercie de me prévenir, monsieur...

GENNARO.

Ainsi, vous acceptez la guerre?...

LA MARQUISE.

La guerre!... et nous verrons à qui restera la victoire.

GENNARO, avec colère.

Madame, songez-y bien, je pourrais dire ici: je veux et j'ordonne!...

LA MARQUISE, avec une grande dignité.

Ah! j'espère, monsieur, que vous n'oublierez pas que votre adversaire est une femme... et que cette femme est la vôtre!...

(Elle fait une profonde révérence et sort par la droite.)

SCÈNE VI

GENNARO, seul.

Ah! voilà donc où elle voulait en venir et où j'en suis venu moi-même... Mais, morbleu! je n'en aurai pas le démenti!... Gennaro prisonnier de sa femme!... Ah! voilà qui réjouirait trop grandement Palerme... Le diable m'emporte si j'oserais m'y remontrer jamais! Oh! mais l'on ne me connaît pas...

AIR

Ah! vive-Dieu! l'amour m'appelle!
Je saurai briser mes liens!...
Sirena, doux trésor!... toi, si jeune et si belle,
Je l'ai juré, tu m'appartiens!

Je languirais dans l'esclavage,

Quand tout vient sourire à mes vœux?
Non!... l'or et son brillant mirage
M'ouvrent un monde radieux!

Suprême puissance,
Toi qui n'as qu'à vouloir,
A mon existence
Viens rendre l'espoir,
Le bonheur et l'espoir!

Puisque, dans cette vie,
Sans l'or que l'on envie,
Il n'est pas de beaux jours,
D'amitiés, ni d'amours...

Suprême puissance,
Toi qui n'as qu'à vouloir,
A mon existence
Viens rendre l'espoir,
Le bonheur et l'espoir!

Je m'abandonne
Et je me donne
A toi!
Douce folie,
Sois de ma vie
La loi!
Fière opulence,
Grande existence
Pour moi!
Que tout m'enivre!
Ah! je veux vivre
En roi!

A moi, trésors, ardents désirs!...
Liberté! reine des plaisirs...

Je m'abandonne, etc.

SCÈNE VII

GENNARO, LILLA.

LILLA.
Ah! je vous cherchais, mon pauvre chevalier!

GENNARO.

Tu sais donc...?

LILLA.

Je sais tout!

GENNARO.

La marquise...

LILLA.

Vous retient prisonnier!

GENNARO.

Oui ; mais je jure bien que je vais être libre...

LILLA.

Et comment vous y prendrez-vous ?

GENNARO, allant à la balustrade du fond.

Pardieu! quand je devrais sauter par là...

LILLA.

Un précipice de deux cents pieds...

GENNARO, regardant.

Et la mer au fond... Diable! c'est un peu haut...

LILLA.

Voulez-vous suivre mes conseils, chevalier?

GENNARO.

Oui, s'ils sont bons.

LILLA.

Employez la ruse, et non la violence.

GENNARO.

Je ne demande pas mieux, si la ruse conduit au même but.

LILLA.

Vous avez fait le tour du domaine?

GENNARO.

Oui.

LILLA.

Toutes les issues en étaient fermées?

GENNARO.

Toutes.

LILLA.

Eh bien, derrière une statue de Diane, cachée par des charmilles, avez-vous remarqué...?

GENNARO.

Une petite porte?...

LILLA.

Celle par laquelle entre et sort la marquise...

GENNARO.

Et la clef?...

LILLA.

La marquise ne la quitte jamais!

GENNARO.

Et...?

LILLA.

Et, celle-là, vous serez sûr de la trouver, au moins...

GENNARO.

Où cela?

LILLA.

A sa ceinture... Et avec un peu d'adresse...

GENNARO.

A sa ceinture... Diable!...

LILLA.

Pendant son sommeil...

GENNARO.

Mais il faut attendre à ce soir...

LILLA.

Il faut attendre dix minutes...

GENNARO.

La marquise fait-elle sa sieste à onze heures du matin?

LILLA, avec mystère.

Non; mais on peut en avancer l'heure.

GENNARO.

Comment cela?

LILLA.

Quelques gouttes d'un somnifère infaillible...

GENNARO, effrayé.

Lilla!... prends garde!...

LILLA.

Je réponds de tout.

GENNARO.

Sur ta vie, il ne peut arriver aucun mal à la marquise?

LILLA.

Ne vous ai-je pas donné des preuves irrécusables de ma science?

GENNARO, la retenant.

Lilla, j'ai peur...

LILLA.

Alors, renoncez à la Sirena!

GENNARO.

Lilla!...

LILLA.

Perdez votre gageure, cuirassez-vous contre les railleries de tout Palerme!...

GENNARO, vivement.

Non! non! je n'hésite plus!

DUETTINO

Endormons
Et fermons
Tous les yeux
Soupçonneux...
Il le faut!
Et bientôt
Les verrous
Devant nous
Vont s'ouvrir.
Quel plaisir!
Grâce à toi,
Je le vois,
A mon gré,
Je pourrai
Défier
Mon geôlier!

LILLA.

Endormons
Et fermons
Tous les yeux
Soupçonneux...
Il le faut!
Et bientôt
Les verrous
Devant vous
Vont s'ouvrir.
Quel plaisir!
Grâce à moi,
Je le vois,
Vous rirez
Et pourrez
Défier
Le geôlier!

GENNARO, sentimental.
Pourtant, ménageons la pauvre âme;
Et souviens-toi qu'elle est ma femme...
Qu'un doux songe, jusqu'au réveil,
Par ton art, charme son sommeil.

LILLA, avec une sensibilité ironique.
Oh! oui, ce désir est le nôtre!...
En rêve, offrons-lui son époux
Ivre d'amour à ses genoux...
Pendant qu'il est aux pieds d'une autre...

Ah! c'est vraiment
Attendrissant!...
Mais c'est l'instant...

GENNARO.
Va, je t'attend!

GENNARO.
Endormons
Et fermons
Tous les yeux
Soupçonneux...
Il le faut!
Et bientôt
Les verrous
Devant nous
Vont s'ouvrir.
Quel plaisir!
Grâce à toi,
Je le voi,
A mon gré,
Je pourrai
Défier
Mon geôlier!

LILLA.
Endormons
Et fermons
Tous les yeux
Soupçonneux...
Il le faut!
Et bientôt
Les verrous
Devant vous
Vont s'ouvrir.

6.

Quel plaisir!
Grâce à moi,
Je le voi,
Vous rirez
Et pourrez
Défier
Le geôlier!

(Lilla entre dans le pavillon à droite.)

SCÈNE VIII

GENNARO, seul, marchant avec agitation.

Que se passe-t-il donc en moi?... C'est étrange ! je tremble comme si quelque événement suprême allait se décider dans ma vie... Cette bohémienne qui fait des diamants, des breuvages qui donnent le sommeil ou la veille; ce démon qui touche, en riant, aux mystères de la nature... c'est terrible!... Qui va là ?

SCÈNE IX

GENNARO, ANIELLO.

ANIELLO.
Moi, Aniello, monseigneur.

GENNARO, avec courroux.
Que veux-tu? que viens-tu faire ici? Va-t'en! va-t'en!...

ANIELLO.
Je viens dire à Votre Excellence que ses amis s'impatientent.

GENNARO.
Retourne vers eux, et dis-leur que, dans cinq minutes, je les rejoins...

ANIELLO.
Avec la clef?

GENNARO.
Avec la clef!... Qu'elle clef?... qui t'a dit que j'attendais une clef?...

ANIELLO.
Vos amis, qui m'ont dit que vous en étiez venu chercher une...

GENNARO, à part.

Ah! c'est vrai!... Le drôle m'a fait une peur!... (Haut.) Eh bien, encore?... Qui donc ordonne? qui donc obéit?... Je vous ai dit de sortir, sortez!...

ANIELLO.

Je sors, monseigneur!...

(Il sort.)

SCÈNE X

GENNARO, seul.

Bien! il s'éloigne!... (Il va à la porte du pavillon et écoute.) Je n'entends rien!... Si fait!... j'entends mon cœur qui bat.. Ah! j'ai eu tort de consentir... et, s'il est temps encore.. Oh! les dix minutes sont écoulées... O Lilla! Lilla!..

SCÈNE XI

GENNARO, LILLA.

LILLA, sortant du pavillon, pâle et agitée.

A moi! au secours! à l'aide, seigneur Gennaro!...

GENNARO.

Qu'y a-t-il donc, Lilla?

LILLA.

Oh! si vous saviez!...

GENNARO.

Parle!

LILLA.

J'avais sur moi deux flacons...

GENNARO.

Deux flacons!... Lesquels?...

LILLA.

L'un destiné à endormir la marquise, et l'autre...

GENNARO, avec effroi.

L'autre?...

LILLA.

L'autre... un élixir que ma mère avait rapporté d'Orient... et dont j'ignore la recette... Cet élixir, je le destinais à une riche baronne, qui a cinquante ans bien comptés : je m'étais chargée de lui en ôter vingt-cinq...

GENNARO.
Comment! tu te mêles aussi de rajeunir, démon?...
LILLA.
Eh bien... là... dans un corridor sombre, j'ai rencontré un page qui portait un sorbet à votre femme... J'ai pris un flacon pour l'autre... je me suis trompée!... Ne dites jamais que c'est moi!... au nom du ciel, ne le dites pas!... Malatesta... l'inquisition... le bûcher... je serais perdue!... Chevalier, ma vie est entre vos mains... Ne me trahissez pas!... Adieu!... adieu!...

(Elle se sauve par le fond à droite.)

SCÈNE XII

GENNARO, seul.

Eh bien, que fait-elle?... Elle fuit! elle me laisse!... Qu'a-elle dit? Oh! une chose impossible, mon Dieu!...

SCÈNE XIII

GENNARO, LA MARQUISE. Elle a vingt ans; elle s'élance radieuse et transportée.

GENNARO.
Que vois-je? Il y a miracle! il y a magie!

LA MARQUISE, folle de joie.

STANCES

Est-ce un doux mensonge,
Un rêve réel,
Un merveilleux songe,
Un rayon du ciel?...

Je me sens revivre!
Je n'ai que vingt ans!
Cet air qui m'enivre,
C'est l'air du printemps!

Ah! quel doux prestige!
Quel monde nouveau!

Où suis-je et que suis-je,
Sous ce ciel si beau ?

Suis-je l'hirondelle
Qui vole, effleurant
Du bout de son aile
Le lac transparent ?

La joyeuse abeille
Qui, dès le matin,
Sur la fleur vermeille,
Cherche son butin ?

L'oiseau qui voltige
Sur un frais rameau,
Sans courber la tige
Du frêle arbrisseau ?...

Ou bien, fleur qui vole,
Papillon d'azur,
Baisant la corolle
Du lis blanc et pur ?...

Tout me plaît, m'enflamme!...
Magique réveil,
Qui verse en mon âme
Joie, amour, soleil!...

Mais non... cette ivresse
Qui brûle mes sens,
Ce feu qui m'oppresse,
Ces désirs naissants...

Sont un sûr indice :
Je suis un lutin,
Enfant du caprice...
Une femme, enfin!...

Je me sens revivre!
Je n'ai que vingt ans!
Cet air qui m'enivre,
C'est l'air du printemps!

(Elle va cueillir des fleurs, dont elle respire avec ivresse le parfum.)

DUO

GENNARO, la regardant en extase.
Oh! non! je ne dors pas, je veille...
Voilà son regard, ses accents!
Mais c'est, incroyable merveille,
L'hiver qui se change en printemps!...

(S'approchant, avec amour.)
Bel ange!

LA MARQUISE.
Hein?...

GENNARO.
Pardonnez, marquise....

LA MARQUISE.
Qu'êtes-vous?... Que me voulez-vous?...

GENNARO.
Qui je suis?

LA MARQUISE.
Oui...

GENNARO.
Faut-il que je le dise?...

LA MARQUISE.
Sans doute...

GENNARO.
Je suis votre époux!...

LA MARQUISE.
Mon époux, vous? La bonne histoire ...
J'en rirai longtemps, sur ma foi!...

GENNARO.
Quoi! vous ne voulez pas me croire?...
Mais c'est moi, marquise, c'est moi!...

(A part.)
A-t-elle, avec les ans, perdu toute mémoire?...

LA MARQUISE.
Qui, vous?

GENNARO.
Moi, Gennaro!

LA MARQUISE.
Je ne vous connais pas!

GENNARO.

Marquise !...

LA MARQUISE.

Laissez-moi...

GENNARO.

Je m'attache à vos pas !...

LA MARQUISE.

Voyons !... vous m'avez tout à l'heure
Dit qui vous étiez... Maintenant,
Dites-moi qui je suis. Quelle est cette demeure ?...

GENNARO, à lui-même.

Bien !... de plus en plus surprenant !...
N'importe, faisons à sa guise...

(Haut.)

Ce palais, madame, est à vous !...

LA MARQUISE.

Bon !

GENNARO.

Vous êtes riche et marquise !
Je suis votre troisième époux...

LA MARQUISE.

Très-bien !... Continuez; quel âge
Ai-je? Répondez sur l'honneur...
Mais pas de galant badinage.

GENNARO.

Vous avez soixante ans...

LA MARQUISE.

Menteur !...

GENNARO.

Mais, par bonheur, une sorcière,
Dont je me souviendrai longtemps,
D'élixir vous fit boire un verre,
Et vous n'avez plus que vingt ans !...

ENSEMBLE

LA MARQUISE, avec joie.	GENNARO, avec amour.
Oui, je me sens vivre...	Son regard m'enivre ;
Je n'ai que vingt ans !	Ah ! quels traits charmants !...
Cet air qui m'enivre,	Elle sent revivre
C'est l'air du printemps !	Son cœur de vingt ans !...

GENNARO.

Voyez ce portrait que vous-même
M'avez hier donné...

LA MARQUISE, regardant le médaillon.

Vraiment...

GENNARO.

C'est vous!

LA MARQUISE.

Habile stratagème!...

GENNARO.

Je vous jure qu'il est...

LA MARQUISE.

Charmant!
Mais êtes-vous certain, messire,
Que je ressemble à ce portrait?

GENNARO.

Si j'en suis certain? C'est-à-dire
Que c'est vous!...

LA MARQUISE.

Moi?

GENNARO.

Vous, trait pour trait...
D'ailleurs, si vous doutez, marquise,
De votre beauté reconquise,
Par vous-même vous pouvez voir...

(Il lui présente une petite glace de Venise, qu'il a prise sur la table à droite.)

LA MARQUISE, se mirant.

Oh! l'adorable créature!...

GENNARO.

Eh bien?

LA MARQUISE.

Je n'oublierai jamais, je vous le jure,
Que c'est vous qui m'avez présenté ce miroir!

ENSEMBLE

LA MARQUISE.	GENNARO, avec transport.
Je me sens revivre!	Son regard m'enivre;
Je n'ai que vingt ans!	Ah! quels traits charmants!
Cet air qui m'enivre,	Elle sent revivre
C'est l'air du printemps!	Son cœur de vingt ans!

GENNARO.

Oh! que vous allez être enviée, madame! jeune, riche, belle!...

LA MARQUISE, vivement.

Et libre! libre!...

GENNARO.

Ah! libre... Pardon, pardon...

LA MARQUISE.

Comment! je ne suis pas libre?...

GENNARO.

Dame! pas tout à fait... puisque vous êtes mariée...

LA MARQUISE.

Mariée!... En effet, vous me l'avez dit... (Avec frayeur.) Ah! mon Dieu!...

GENNARO.

Pourquoi cet effroi, madame?...

LA MARQUISE.

Si j'allais être la femme de quelque mauvais sujet...

GENNARO.

Allons, allons, la mémoire commence à vous revenir!...

LA MARQUISE.

Mon mari se nomme?...

GENNARO.

Le chevalier Gennaro d'Albani...

LA MARQUISE.

Gennaro d'Albani!... Quel âge?...

GENNARO.

Vingt-cinq ans.

LA MARQUISE.

Et il est...?

GENNARO.

Gentil, très-gentil...

LA MARQUISE.

De l'esprit?

GENNARO.

Il vous en donnera la preuve, madame, en ne faisant pas lui-même son éloge...

LA MARQUISE.

Vous! vous! (Avec un soupir de regret.) Ah!... ah!...

GENNARO, piqué.

Madame! madame! voilà des *ah!* vraiment incroyables... Mais cet homme dont le nom ne vous rappelle aucun souvenir, cet homme que vous croyez voir pour la première fois, ce Gennaro d'Albani, enfin...vous aviez le mauvais goût de le trouver fort à votre gré, quand vous aviez soixante ans...

LA MARQUISE.

En vieillissant, la vue baisse...

GENNARO.

Vous en étiez fort jalouse... Si bien jalouse, que, de peur que je n'aille faire la cour à une autre femme, à la Sirena, vous m'avez refusé la clef de la petite porte du parc... Oui, oui, celle que vous avez là, tenez, à la ceinture... Et cela, madame, si fort et si ferme, que, cédant aux avis d'une bohémienne, j'ai consenti à ce qu'elle vous fît prendre un narcotique... Heureusement, elle s'est trompée et vous a donné un élixir de jeunesse.

LA MARQUISE.

Je ne lui en veux pas...

GENNARO.

Ni moi non plus... Doutez-vous encore?... (Prenant la mantille et la coiffe que la vieille Marquise a laissées sur le banc.) Regardez ces habits; ils n'ont point rajeuni comme vous: il sont du siècle passé...

LA MARQUISE, regardant les habits.

Oh! quelle vieillerie! quelle antiquaille!... Je portais cela, moi?... Que ces vêtements disparaissent!... qu'ils aillent avec les jours écoulés!... dans l'abîme!...

(Elle court à la balustrade au fond et jette la mantille et la coiffe dans le précipice.)

GENNARO, la suivant des yeux.

Oui, les vieux ans dans l'abîme!... (Regardant la jeune femme avec passion.) A moi tant de jeunesse, de beauté!... C'est vous que j'aime... C'est vous que j'aimerai toute la vie... C'est vous, enfin, que je ne veux plus quitter d'un seul instant...

LA MARQUISE.

Comment! toujours avec moi?

GENNARO.

Oui, toujours!...

LA MARQUISE.

Oh! quelle fidélité chagrinante!...

SCÈNE XIV

Les Mêmes, ASCANIO.

ASCANIO, à Gennaro.

Ah çà ! mais viendras-tu enfin ? En as-tu fini avec ta sempiternelle?... Ah ! pardon ! je ne te savais pas en tête-à-tête... Tudieu ! la charmante personne !...

GENNARO, avec orgueil et enthousiasme.

C'est ma femme, Ascanio ! c'est ma femme !

ASCANIO, le regardant avec stupéfaction.

Ta femme ?...

GENNARO.

Oui... Tu ne sais pas... Je vais t'expliquer...

ASCANIO, éclatant de rire.

Ta femme !... Ah ! ah ! ah ! la vieille ?...

GENNARO.

Ascanio, comme toi, d'abord je n'ai pas voulu croire ; mais je te le jure...

ASCANIO.

Ah ! ah ! ah !... Mais c'est qu'il garde son sérieux encore !... (Se retournant vers la Marquise, qu'il salue respectueusement.) Est-ce vous, madame, qui lui avez ordonné...?

LA MARQUISE.

Moi ? Pas le moins du monde... C'est lui, au contraire, qui parle de choses incroyables, me soutient qu'il est mon mari, que j'ai été vieille, douairière respectable... que sais-je ? (Riant.) Ah ! ah ! ah !

TRIO

ASCANIO, riant.

Ah ! ah ! ah ! la bonne folie !...

LA MARQUISE, riant aussi.

N'est-ce pas qu'il est amusant ?...

GENNARO.

Madame, je vous en supplie...

ASCANIO.

Sentimental, lui, c'est plaisant.

(A la Marquise, avec galanterie.)

Il est vrai, près de vous, charmante,

Qu'on doit bientôt perdre l'esprit...
Que d'attraits, de grâce enivrante !
  Tout nous séduit'
  Tout nous ravit !
Le cœur s'éprend !... On perd l'esprit !

LA MARQUISE, minaudant, à Ascanio.

Ah ! cessez, cessez ce langage
  Qui me séduit,
  Qui me ravit...
Ah ! je pourrais perdre l'esprit...

GENNARO.

Chaque instant augmente ma rage !
Ascanio !...

ASCANIO.
  Quoi donc ?...

GENNARO.
    Bandit !...

(A la Marquise.)

Vous allez me suivre, madame...

LA MARQUISE.

De quel droit ?

GENNARO.
   Du droit d'un époux.

LA MARQUISE.

Allez où votre vieille femme
Vous attend !...

GENNARO.
   Ma femme, c'est vous !...

(Avec amour et colère.)

N'espérez pas que j'abandonne,
En ce jour, mon bien le plus doux...
Ce trésor que l'hymen me donne,
Je le défendrai contre tous !

ASCANIO, riant.

Ah ! ah ! ah ! ah ! il est jaloux !
Vraiment, il se croit votre époux !...

LA MARQUISE, de même.

Ah ! ah ! ah ! ah ! il est jaloux !
On dirait qu'il est mon époux !

GENNARO.

Ah ! craignez, craignez mon courroux,

Je suis époux!
Je suis jaloux!

LA MARQUISE, à Gennaro, montrant Ascanio.
Il est fort bien, ce gentilhomme...

GENNARO, avec une jalousie croissante.
Il ne manquait plus que cela, vraiment!...

LA MARQUISE.
Dites-moi comment il se nomme...

ASCANIO, galamment, baisant la main de la Marquise.
Ascanio...

GENNARO.
Finis!...

LA MARQUISE, montrant Ascanio à Gennaro.
Il est charmant!...

GENNARO, avec colère.
Suivez-moi, madame, à l'instant!...
N'espérez pas que j'abandonne,
En ce jour, mon bien le plus doux...
Ce trésor que l'hymen me donne,
Je le défendrai contre tous!

ENSEMBLE

ASCANIO, riant aux éclats.
Ah! ah! ah! ah! il est jaloux!
Vraiment, il se croit votre époux!

LA MARQUISE, de même.
Ah! ah! ah! ah! il est jaloux!
On dirait qu'il est mon époux!...

GENNARO.
Ah! craignez, craignez mon courroux!...
Je suis époux! je suis jaloux!

SCÈNE XV

Les Mêmes, MALATESTA, suivi de Dames et de Gentilshommes qui s'arrêtent au fond.

FINALE

MALATESTA, entrant, à Gennaro.
Ah! je vous trouve enfin, messire!

GENNARO.
Bon! il nous manquait celui-ci!...
MALATESTA.
Soyez assez bon pour me dire...
GENNARO.
Quoi donc?...
MALATESTA.
Où la marquise est-elle?...
GENNARO, montrant la jeune femme.
La voici.
MALATESTA.
La marquise!
GENNARO.
Eh! oui, la marquise...
MALATESTA.
Chevalier, ne plaisantons pas...
GENNARO.
Que voulez-vous que je vous dise?...
MALATESTA.
Ne raillez pas les magistrats!...
GENNARO.
Les magistrats?... Allez au diable!...
MALATESTA.
C'est nous qui vous y conduirons!
GENNARO.
Vieux fou!
ASCANIO, près de la Marquise.
Vous êtes adorable!
MALATESTA, très-irrité.
Vieux fou!... moi?...
GENNARO.
Vous, oui!
MALATESTA.
Nous verrons!
GENNARO.
Soit!
MALATESTA.
La marquise est disparue...
On la cherche en vain en tout lieu!
Dites, qu'est-elle devenue?...

GENNARO, à la Marquise, avec véhémence.
Mais répondez donc!

LA MARQUISE.
Moi?...

GENNARO.
Pardieu!...

LA MARQUISE.
A qui faut-il que je réponde?...

GENNARO.
Mais au seigneur Malatesta...

LA MARQUISE.
Malatesta?...

GENNARO.
Dieu le confonde!

LA MARQUISE.
Qu'est-ce donc que Malatesta?

GENNARO, le montrant.
Mais votre ami le podesta...

LA MARQUISE.
Malatesta?
Le podesta?...
Mais je n'ai jamais vu cela...

(Riant.)
Ah! ah! ah!

ASCANIO, riant.
Ah! ah! ah!

GENNARO.
Vous méconnaissez celui-là?...

LA MARQUISE, riant plus fort.
Ah! ah! ah! ah!

GENNARO.
Il faut sortir de cette crise!...

(Apercevant Lilla, qui, depuis un instant, est sortie du pavillon et cause dans un groupe.)

Vous reconnaîtrez bien Lilla?

(Il court à la Bohémienne et l'amène.)

LA MARQUISE, cherchant.
Lilla?...

SCÈNE XVI

Les Mêmes, LILLA.

LILLA.
Que veut-on de moi?... Me voilà!...
LA MARQUISE.
Elle est gentille, sur mon âme!...
LILLA, envisageant la Marquise.
Quelle est donc cette jeune dame?...
GENNARO.
Eh! morbleu! c'est la marchesa
De Villa-Bianca!...
LILLA.
Elle?...
(Éclatant de rire.)
Ah! ah! ah! ah!...
GENNARO, éclatant.
Ah! c'en est trop!... c'en est trop à la fin!
MALATESTA, à Gennaro.
Vous voudriez laisser la justice indécise...
Mais vous tergiversez en vain...
Qu'avez-vous fait de la marquise?...
ASCANIO.
Oui! qu'as-tu fait de la marquise?...
LA MARQUISE, plus fort.
Qu'avez-vous fait de la marquise?...
LILLA, plus fort que les autres.
Qu'avez-vous fait de la marquise?...
GENNARO, parlé, la regardant avec colère.
Maudit démon!

SCÈNE XVII

Les Mêmes, ANIELLO, arrivant par la gauche, suivi d'UN Estafier, tenant des vêtements de femme.

ANIELLO.
Vous demandez, seigneur Malatesta,

Des nouvelles de la marquise ?
Eh bien, regardez : en voilà !...

(Il montre la mantille et la coiffe que la Marquise a jetées par-dessus la balustrade dans le précipice.)

Sans doute qu'une main cruelle
De la marquise hâta la fin !...

MALATESTA.

Les vêtements qu'elle portait sur elle...

(A Gennaro.)

Quand je l'ai vue avec vous ce matin !
Ah ! voilà donc un sûr indice !
Où ces habits étaient-ils ?...

ANIELLO.

Accrochés,
Seigneur, aux buissons, aux rochers,
Qui sont là, dans ce précipice !...

TOUS, avec un cri d'horreur.

Ah !

(Malatesta dit rapidement quelques mots à l'oreille de l'Estafier, qui tient les vêtements. Celui-ci sort en courant.)

LA MARQUISE, avec indignation.

Oh ! c'est un horrible attentat.
Justice, seigneur podesta !...

ASCANIO, MALATESTA, LILLA et LE CHŒUR.

Oh ! c'est un horrible attentat !
Mais c'est un monstre, un scélérat !

GENNARO, indigné.

Moi ! de mon nom ternir l'éclat !
Me soupçonner d'un attentat !

SCÈNE XVIII

Les Mêmes, Sbires et Gens de justice, amenés par L'Estafier.

CHŒUR

Ah ! quel forfait épouvantable !
Il faut sévir avec rigueur !
Punissons ici le coupable
Qui flétrit ainsi son honneur !

GENNARO.

Oser m'imputer un tel crime!...

MALATESTA.

La marquise est votre victime!...
Bientôt ma voix prononcera....
Votre épée!...

GENNARO, aux Sbires qui s'avancent.

Ah! malheur à qui me touchera!...

LILLA, qui s'est approchée de la Marquise. — A demi-voix.

Pauvre chevalier!

LA MARQUISE, souriant et échangeant un regard d'intelligence avec Lilla.

On verra
Comment il sortira de là!...

GENNARO.

Qu'ai-je à faire avec la justice?...
De mon blason ternir l'éclat!...
Un tel soupçon, c'est un supplice!
Je punirai cet attentat!

CHŒUR

Il faut, il faut que la justice
Bientôt sévisse avec éclat...
Il faut, il faut que l'on punisse
Cet inconcevable attentat!

(Les Sbires entourent le Chevalier, qui se défend en jetant un regard désespéré sur la Marquise, qui est auprès d'Ascanio.)

ACTE TROISIÈME

Dans le parc du château de la Marquise. — Intérieur d'un pavillon moresque, fermé de tous côtés par des tentures. — A gauche, sur un petit meuble d'ébène, une glace de Venise.

SCÈNE PREMIÈRE

GENNARO, conduit par MALATESTA et DES SBIRES.

CHŒUR

Posons des gardes sans nombre
Autour de ce pavillon,
Et bientôt un lieu plus sombre
Lui servira de prison !

MALATESTA.

Deux sbires sous cette fenêtre !
A la porte un arquebusier !
Et, s'il ne veut pas se soumettre,
Faites feu sur le prisonnier !

GENNARO, avec ironie.

Vous êtes prompt comme la foudre,
Capitaine Malatesta...
Mais, de grâce, épargnez la poudre,
Qu'un autre que vous inventa !...
Dans cet esclavage maussade,

(Montrant Malatesta.)

Avec le geôlier que voici,
Pas n'est besoin d'arquebusade...
On est sûr de mourir d'ennui !

(Malatesta fait un geste de menace.)

REPRISE DU CHŒUR

Posons des gardes sans nombre, etc.

(Malatesta se retire. — Les tentures du fond se referment.)

SCÈNE II

GENNARO, seul.

De mieux en mieux, seigneur Malatesta !... me voilà dans une charmante position... Harcelé, questionné, gardé à vue, dans ce pavillon isolé de mon château... ou plutôt du château de la marquise... Et quelle perspective !... Ce soir, je serai transporté dans les cachots de Palerme... Je n'ai qu'un moyen de défense, un seul... Eh bien, quand je l'emploie, on lève les épaules !... et, en conscience, je ferais comme mes juges, si je n'avais pas vu, si je n'étais pas convaincu... Ah! je me consolerais de tout... (avec amour), si j'avais là, près de moi, cette jeune et ravissante femme... ma femme !.... oui, ma femme !... Mais que peut-elle être devenue ?... Je ne l'ai pas revue depuis que je l'ai laissée avec cet Ascanio !... (Avec colère.) Maudit Ascanio !... Ah! c'est insupportable, d'avoir pour amis des mauvais sujets!

(La tenture du fond s'est ouverte, et l'on aperçoit Ascanio et la Marquise, qui s'avancent et parlent au Sbire, qui veut les arrêter.)

ASCANIO, au Sbire.

Puisque nous avons un laisser passer...

SCÈNE III

GENNARO, ASCANIO, LA MARQUISE.

GENNARO, courant à la Marquise, avec passion.

Enfin, madame, c'est vous !... je vous revois !...

ASCANIO.

Ce n'est pas sans peine... C'est inouï, ce qu'il a fallu de démarches...

LA MARQUISE.

Nous avons été obligés d'aller à Palerme...

GENNARO.

Nous ! qui nous ?

LA MARQUISE.

Le seigneur Ascanio et moi...

GENNARO.

Comment! sans mon aveu, avec ma femme ?... Ah! mais dis-moi...

LA MARQUISE.

Oh ! ne grondez pas le seigneur Ascanio... Remerciez-le, au contraire, c'est un de vos fidèles... et, la preuve, c'est qu'il s'est rendu au palais du vice-roi pour intercéder en votre faveur.

GENNARO.

Ah ! vraiment... (Vivement.) Eh bien, Son Altesse me connaît, elle me rend justice, et elle pense bien...

ASCANIO.

Eh ! que veux-tu qu'elle pense, Son Altesse ?... Tu épouses une vieille femme qui disparaît dès que tu as ouvert ses coffres-forts... Dame, cher ami...

GENNARO, indigné.

Mais c'est infâme !... Ce mariage ne m'était jamais venu à l'idée, à moi... à moi qui ai refusé une des plus riches et des plus jolies femmes de Venise.

LA MARQUISE.

Seigneur Gennaro, si j'ai un conseil à vous donner, c'est de renoncer à ce dangereux système de défense...

ASCANIO, riant.

Que voulez-vous ! il est comme Roland, très-sage sur toutes choses, mais perdant l'esprit au seul nom d'Angélique... Aussi, c'est un moyen de justification que j'ai employé près du vice-roi.

GENNARO,

Lequel ?...

ASCANIO.

Celui de l'aliénation mentale...

GENNARO.

Comment ! tu as dit...?

LA MARQUISE.

Dans votre intérêt, oui...

GENNARO, avec impatience.

Voyons, qu'a ordonné le vice-roi ?...

ASCANIO.

Oh ! il a été fort bien.

LA MARQUISE.

Charmant !...

ASCANIO.

C'est une justice à lui rendre... « Du moment que le chevalier a perdu la raison, nous ne le condamnons qu'à une prison perpétuelle. »

GENNARO.

A une prison perpétuelle!... Moi, captif?... vous, libre?... moi, séparé de vous?... Mais c'est être mort de mon vivant...

ASCANIO.

Dame, à peu près... Ce qui fait que ta succession est ouverte... Allons, mon petit chevalier, fais convenablement les choses; dispose de ce qui te reste, et n'oublie pas ton cher Ascanio... Tu sais que je raffole de Bab-Ali, ton cheval arabe; en prison, il te devient inutile... Ah! tu as aussi ta petite maison de Montréal... charmante et mystérieuse retraite...

GENNARO.

Eh bien?...

ASCANIO.

Eh bien, il me sera doux de les posséder... en mémoire de toi...

COUPLETS

I

Puisque de ces biens de la terre
Le sort te défend de jouir,
A l'amitié vive et sincère,
Comme un précieux souvenir,
Ton devoir est de les offrir...
Quand notre ciel se décolore,
Quand naissent pour nous les soucis,
Qui peut nous rendre heureux encore?...
C'est le bonheur de nos amis!...

GENNARO, parlé.

Misérable! me demander mon cheval, ma maison!... Mais où s'arrêtera-t-il, bon Dieu?

ASCANIO, le prenant à part et regardant la Marquise.

II

Par une compagne céleste
Pylade, dit-on, fut quitté...

Mais il fut quitté pour Oreste...
Et, loin de gémir, attristé,
Ce tendre ami fut enchanté!...
S'il faut perdre ce qu'on adore,
Si nos amis se sont enfuis,
Qui peut nous rendre heureux encore?...
C'est le bonheur de nos amis...

GENNARO, frappant du pied avec colère.

Ascanio!...

ASCANIO.

Bien! bien! je ne veux pas t'influencer... Je te laisse; mais n'oublie pas Bab-Ali et ta petite maison du lac...

GENNARO, exaspéré.

Va-t'en au diable!...

(Ascanio fait un profond salut à la Marquise et sort.)

SCÈNE IV

GENNARO, LA MARQUISE.

GENNARO.

Eh bien, madame, que dites-vous de cet ami... qui veut hériter de moi, de mon vivant?...

LA MARQUISE.

Ah! chevalier, je dis que ce n'est pas bien!

GENNARO.

C'est-à-dire que c'est affreux!...

LA MARQUISE.

Ce trait-là lui fait le plus grand tort dans mon esprit...

GENNARO.

C'est bien heureux!

LA MARQUISE.

Je l'avais trouvé agréable, d'abord...

GENNARO.

Lui!... un monstre!... physiquement et moralement...

LA MARQUISE.

Ne pas prendre plus de part à la douleur d'un ami... Une prison perpétuelle!... Pauvre Gennaro!... Moi qui vous connais à peine, eh bien, je ne sais... mais, depuis un instant, je me sens là, au cœur...

GENNARO, vivement.

Serait-il vrai ?... Éprouveriez-vous pour moi cet amour?...

LA MARQUISE.

Oh ! de l'amour... Nous allons trop vite... Non ! ce doit être de la sympathie pour votre infortune... qui donne à votre physionomie un petit air intéressant... Tenez, je vous conseille d'être toujours malheureux; cela vous va très-bien...

GENNARO.

Enfin !... ma femme avoue que je ne lui déplais pas trop...

LA MARQUISE.

Votre femme !... encore !... Mais vous y tenez donc toujours ?...

GENNARO.

Comment, si j'y tiens ?... Plus que jamais !

LA MARQUISE.

Eh bien, voyons, je me prête à cette fantaisie...

GENNARO.

Cette fantaisie ?...

LA MARQUISE.

De cette façon, je pourrai faire des démarches en votre faveur... A l'aide de ce titre, j'en aurai le droit... Je verrai le vice-roi, les juges...

GENNARO.

Hélas ! madame, la justice est aveugle...

LA MARQUISE.

La justice, oui; mais les juges...

GENNARO.

Précisément !... Le mari d'une jolie femme est une chose importune, dont on ne demande qu'à se débarrasser... Plus on vous trouvera belle, plus ma prison deviendra étroite et sombre... Chaque heure me paraîtra un siècle; la jalousie...

LA MARQUISE

Oh ! chevalier, du moment que je prendrai le titre de votre femme, j'en accepterai les devoirs...

GENNARO, avec joie.

Qu'entends-je ! vous partageriez ma captivité, toujours?...

LA MARQUISE.

Oh ! non, pas toujours !... mais je vous ferai de petites visites... de temps en temps... Je vous raconterai les fêtes brillantes, les joyeux spectacles auxquels j'aurai assisté...

GENNARO.

Comment ! lorsque je serai prisonnier ?...

LA MARQUISE.

Justement !... à cause de cela !... pour vous distraire un peu.

AIR

Je vous dirai la chanson folle,
Les gais propos, le mot frivole,
Qui, tour à tour,
Vivent un jour.

Oui, l'on saura, pour vous, retenir et saisi
Doux propos,
Chants nouveaux,
Éclairs du plaisir !

Je vous dirai le caquetage
De mes brillants adorateurs ;
Je vous dirai, sur mon passage,
Combien j'enchaînerai de cœurs.

Du monde bravant les orages
Qui troublent souvent nos loisirs,
Vous n'en verrez pas les nuages...
Vous n'en aurez que les plaisirs !

Vous aurez la danse nouvelle,
Ou tarentelle,
Ou saltarelle,
Que la folie inventera,
La la la la la la !

GENNARO, tristement.

Un grillage !... des verrous !... des geôliers !... Ah ! madame, madame...

LA MARQUISE.

Voyons, calmez-vous, cher mari... Tenez, votre femme espère adoucir encore mieux votre esclavage... Elle va adresser une supplique au vice-roi... Il faut, mon gentilhomme, qu'on vous laisse ce palais pour prison.

GENNARO.

Mais ce sera toujours une prison, madame !...

LA MARQUISE.

Je vais écrire à l'instant même à Son Altesse...

(Elle se place au fond à une table, et écrit.)

GENNARO désespéré, à lui-même.

Ah! Lilla! Lilla, puissent tous les bûchers de l'inquisition s'allumer pour toi!...

SCÈNE V

Les Mêmes, LILLA.

Elle a écarté une tenture à droite et s'est élancée tout à coup en scène, à côté de Gennaro.

LILLA.

Grand merci du souhait, chevalier!...

GENNARO.

Toi, ici, misérable! qui, ce matin, as fait cause commune avec mes accusateurs?...

LILLA.

Il le fallait bien... On me surveille, on m'épie, et, si j'étais emprisonnée... comme vous... je ne pourrais plus vous servir...

GENNARO.

Me servir, me servir... Eh bien, ton témoignage, à toi, pouvait être tout-puissant; tu devais expliquer, tout d'abord, qu'à l'aide d'un breuvage...

LILLA.

Grand Dieu! chevalier, cela ne vous aurait pas sauvé, puisque vous êtes mon complice; et, moi, j'aurais déjà été brûlée vive!

GENNARO.

Alors, pour ta maladresse, il faut donc que je te maudisse?

LILLA.

Il faut me plaindre, chevalier... Cette fatale méprise, qui vous coûte la liberté, me coûte ma fortune... Cet élixir que j'ai donné à la marquise, il était vendu cinquante mille sequins.

GENNARO.

Cet élixir, tu le recomposeras...

LILLA.

Impossible!... J'ai eu beau faire, voilà tout ce que j'ai trouvé...

(Elle tire un flacon de sa poche.)

GENNARO.

Qu'est cela?...

LILLA.

La recette contraire...

GENNARO, vivement.

La recette contraire!... celle de vieillir!... Il serait possible!... Lilla! ta fortune est faite!...

LILLA.

Mais, chevalier, qui voudra m'acheter une pareille recette?

GENNARO.

Moi, Lilla! moi!... et je te la payerai soixante mille ducats!... le double, le triple de l'autre... Chut! ma femme!...

(La Marquise se lève de table.)

LILLA, l'apercevant.

Ah! je comprends...

LA MARQUISE, pliant un écrit.

Le vice-roi ne résistera pas à mes prières... (Voyant Lilla et reculant avec effroi.) Lilla!... cette petite sorcière ici!... Chassez-la, chassez-la bien vite!...

GENNARO.

Ne craignez rien, madame : elle vient pour me sauver!...

LA MARQUISE.

Pour vous sauver?...

LILLA.

Oui, madame...

LA MARQUISE.

C'est bien différent, alors; je bénirai son art, et je m'engage...

GENNARO, vivement.

Vous vous engagez?...

LA MARQUISE.

Sans doute...

LILLA.

C'est qu'il s'agit d'une grande preuve de dévouement...

GENNARO.

Un de ces dévouements dont parle l'histoire ! que la postérité consacre !...

LA MARQUISE.

Pour vous, chevalier, je me jetterais dans un gouffre... pourvu qu'il ne fût pas trop profond...

GENNARO.

Eh bien, ce que j'ai à vous proposer est moins difficile... (Balbutiant.) Il s'agit tout simplement de vous... parce que... vous comprenez... alors... on ne pourrait plus m'accuser... (Bas, à Lilla.) Tiens, Lilla, dis-lui cela, toi... De ta part, cela vaudra mieux...

LILLA, bas, au Chevalier.

Soyez tranquille, je vais... (A la Marquise.) Oui, madame, oui... il dépendrait de vous... (S'embrouillant aussi.) Par un petit sacrifice, vous n'auriez qu'à consentir à... (Au Chevalier, bas.) Ma foi, chevalier, proposer une pareille chose à une jolie femme... je n'ose pas, moi...

LA MARQUISE.

Voyons, j'attends... C'est donc bien terrible, que vous hésitez ?...

GENNARO.

Tout au contraire, madame : c'est uniquement pour votre bonheur... dans votre intérêt...

LA MARQUISE.

Parlez !...

GENNARO.

Le vice-roi me rendrait à la liberté si je représentais la marquise de Villa-Bianca...

LILLA.

Oui, la vieille marquise...

LA MARQUISE.

Je le sais bien... l'ancienne, la première...

GENNARO, d'une voix câline.

Tenez-vous beaucoup à être la seconde ?...

LILLA, de même.

Y tenez-vous beaucoup ?...

LA MARQUISE.

Comment, la seconde ?...

GENNARO.

C'est que... si vous consentiez à redevenir la première...

LILLA.

Oui... la première, la vraie...

LA MARQUISE.

La vieille?...

GENNARO.

Elle n'était pas très-vieille...

LILLA.

Mais pas vieille du tout...

LA MARQUISE.

Allons donc, vous riez, chevalier!

GENNARO.

Vous ne savez pas ce que vous refusez... Vous n'avez pas idée comme vous étiez aimable, charmante!...

LILLA, s'extasiant.

Ah!...

GENNARO.

Adorable!

LILLA, de même.

Ah!...

GENNARO.

D'honneur, j'étais un fou, et, depuis que je suis devenu sage, j'apprécie les vrais biens de la vie...

TRIO

Beauté, jeunesse
Et folle ivresse,
C'est vanité!
Mais la couronne
Que Dieu nous donne,
C'est la bonté!
Marquise, un peu d'humanité!...

LILLA.

Beauté, jeunesse
Et folle ivresse,
C'est vanité!
Mais la couronne
Que Dieu nous donne,
C'est la bonté!
Madame, un peu d'humanité!

LA MARQUISE, avec enthousiasme.

Oh! ma richesse,
C'est la jeunesse

Et la beauté!
Que j'abandonne
Cette couronne,
Ma royauté!
Non, non, jamais, en vérité!

D'ailleurs, supposant, bon apôtre,
Que j'accède à votre désir,
Croyez-vous que, d'une heure à l'autr
On puisse tout à coup vieillir?...

GENNARO.

Je le crois, vrai-Dieu! sur mon âme;
La thèse peut se soutenir...

LILLA.

Oui, car un seul instant, madame,
A suffi pour vous rajeunir!...

LA MARQUISE.

Quelle est l'affreuse Moabite,
L'Égyptienne à l'art maudit,
Qui trouva de vieillir si vite
Le secret encore inédit?

LILLA.

C'est moi!...

GENNARO.

C'est Lilla!...

LA MARQUISE.

Qu'on la pende!

GENNARO.

Ah! madame, vous avez tort!...
Plus j'y songe, plus je demande
Qui peut vous effrayer si fort!

ENSEMBLE

Beauté, jeunesse
Et folle ivresse,
C'est vanité!
Mais la couronne
Que Dieu nous donne,
C'est la bonté!
Marquise, un peu d'humanité!

LILLA.

Beauté, jeunesse
Et folle ivresse,

C'est vanité!
Mais la couronne
Que Dieu nous donne,
C'est la bonté!
Madame, un peu d'humanité

LA MARQUISE.

Oh! ma richesse,
C'est la jeunesse
Et la beauté!
Que j'abandonne
Cette couronne,
Ma royauté!...
Non, non, jamais en vérité!

GENNARO.

Soixante ans, mais c'est le bel âge!...
Des passions on est vainqueur,
Et la sagesse, heureux partage,
Maîtrise les élans du cœur!...
Tandis que la bonté de l'âme,
Astre charmant qui luit toujours,
Jette un reflet de douce flamme
Sur l'ombre de nos derniers jours..

LA MARQUISE.

Mais, pour franchir un tel passage,
Il faut bien des réflexions...

GENNARO.

Marquise, dans un bon ménage,
On se doit des concessions...

LILLA.

Madame, dans un bon ménage,
On se doit des concessions...

LA MARQUISE.

Quarante ans de concessions!

(A Gennaro, qui fait un geste de désespoir.)

Voyons, pourtant, s'il est un sacrifice,
Pour vous sauver, peut-être on le fera!...

GENNARO, avec transport.

Se peut-il!... Le ciel vous bénisse!...

LILLA.

Le bon cœur!... Le ciel vous bénisse!...

LA MARQUISE.

Mais, au moins, que le préjudice
Soit mutuel... et l'on verra...

GENNARO, intrigué.
Comment !... et quel est ce langage ?
LA MARQUISE.
Vouloir que, seule, je m'engage
A vieillir quand il n'est pas temps ;
C'est trop !... Partageons le breuvage...
Chacun vieillira de trente ans.
GENNARO, avec effroi.
Madame...
LA MARQUISE.
Je fais, il me semble,
Par cette offre, acte de bon cœur...
LILLA, à Gennaro, présentant une petite fiole.
Voici la fatale liqueur.
Chevalier, vieillissez ensemble !
LA MARQUISE.
En partageant cette liqueur,
(Très-tendrement.)
Cher époux, vieillissons ensemble !...
(Gennaro recule avec frayeur.)

LA MARQUISE, se rapprochant de lui.
(Reprise du motif chanté par Gennaro.)
« Soixante ans ! mais c'est le bel âge !...
Des passions l'on est vainqueur !... »

Vous l'avez dit...

LILLA, continuant.
« Et la sagesse, heureux partage,
Maîtrise les élans du cœur !... »

Vous l'avez dit...

GENNARO, parlé.

Cependant...

LA MARQUISE.
« Tandis que la bonté de l'âme,
Astre charmant qui luit toujours... »
LILLA.
« Jette un reflet de douce flamme... »

LA MARQUISE.
« Sur l'ombre de nos derniers jours... »
GENNARO.
Mais...
LA MARQUISE.
C'était bien votre langage..
GENNARO.
Hélas! c'était là mon langage...
LA MARQUISE et LILLA.
Allons, du cœur
Et du courage!
Franchissons } ce fatal passage,
Franchissez
En partageant cette liqueur!...

ENSEMBLE

LA MARQUISE.
Beauté, jeunesse,
Et folle ivresse,
C'est vanité!
Moi, je suis bonne,
Et je vous donne
La liberté!
N'hésitez plus, c'est lâcheté!
LILLA.
Beauté, jeunesse,
Et folle ivresse,
C'est vanité!
Comme elle est bonne!
Elle vous donne
La liberté!...
N'hésitez plus, c'est lâcheté!
GENNARO.
Ah! la richesse,
C'est la jeunesse,
C'est la beauté!...

(Regardant la Marquise avec amour.)
Mais qu'elle est bonne!...
Elle me donne
La liberté!
N'hésitons plus, c'est lâcheté!...

Tout m'abandonne,
On m'emprisonne,
Cet élixir me rend la liberté !...

LA MARQUISE et LILLA.

Cet élixir vous rend la liberté !

LILLA, qui a été regarder au fond.

Vite ! vite ! voici l'escorte qui doit vous conduire à Palerme !... Dans un instant, il sera trop tard...

LA MARQUISE.

Gennaro, j'ai foi dans votre honneur ?... Donne, Lilla, donne !... (Elle prend le flacon, va pour boire et s'arrête.) Je voudrais pourtant bien me dire adieu !...

(Elle se dirige vers le miroir qui est sur la table à droite.)

LILLA, se plaçant devant elle.

Madame...

LA MARQUISE.

Oui, oui, tu as raison, je pourrais me repentir...

GENNARO, avec amour.

Oh ! laissez-moi vous regarder encore...

LA MARQUISE.

Prenez garde, chevalier, la femme est faible !...

GENNARO.

Eh ! qu'importe !... au moment de vous perdre à jamais, je veux m'enivrer de votre vue...

LA MARQUISE.

Chevalier, je vous préviens que je faiblis...

(Elle porte le flacon à ses lèvres.)

GENNARO, l'arrêtant.

Eh bien, non !... De par le ciel ! cela ne sera pas !...

STANCÉS

(Avec passion.)

Ah ! ce serait un crime,
Bel ange du matin,
De vous faire victime
De mon mauvais destin !...
La vieillesse est cruelle !
Vieillir, c'est défleurir !...
Non ! restez jeune et belle,
C'est à moi de mourir !

De quel droit oserais-je
Rider ce front si pur,
Ternir ce teint de neige,
Voiler ces yeux d'azur ?...
La fortune cruelle
Me dit : « Sache souffrir!... »
Vous... restez jeune et belle!...
C'est à moi de mourir!

Laissez-moi !... oubliez-moi !... Adieu !... adieu !...

LA MARQUISE, avec sensibilité.

Vous oublier?... Oh ! non, jamais, Gennaro !... Maintenant que je suis sûre de votre amour, je veux seule vous sauver et je vous sauverai!... Viens, Lilla ! viens !...

(Elles sortent par la gauche. — La nuit vient peu à peu.)

SCÈNE VI

GENNARO, MALATESTA.

MALATESTA, entrant par le fond, à Gennaro, avec une joie ironique.

Chevalier, voici le soir... Nous allons vous conduire dans une paisible retraite, bien murée, bien grillée, bien gardée !...

GENNARO.

Assez, monsieur, assez !...

MALATESTA.

Et rendez grâce à la clémence du vice-roi ; car, si l'on m'avait écouté... Pauvre marquise ! mon amour n'a pu embellir ta vie, il aurait du moins vengé ton trépas...

GENNARO.

Trêve à ces lamentations, monsieur...

MALATESTA.

Pauvre marquise ! elle était si bonne, si riche, si vieille...

GENNARO, l'imitant.

Oui... et, comme vous étiez déjà triplement et richement veuf, l'espoir d'un quatrième veuvage...

MALATESTA.

Monsieur ! mes veuvages, à moi, ont été naturels, licites et légaux.... Je puis marcher tête levée, moi, monsieur... Je suis fier de mes veuvages, moi, monsieur!... tandis que le vôtre... (Avec un geste d'horreur.) Ah! fi!...

GENNARO, souriant.

Allons, monsieur, je suis prêt... Dépêchons!...

SCÈNE VII

Les Mêmes, ANIELLO.

ANIELLO, entrant vivement.

Seigneur Malatesta! seigneur Malatesta!

MALATESTA.

Que veux-tu, drôle?...

ANIELLO.

La marquise de Villa-Bianca demande à parler à Votre Excellence...

MALATESTA, stupéfait.

Hein! quoi?... que dis-tu?...

GENNARO.

La marquise de Villa-Bianca!

MALATESTA.

Celle que nous cherchons? la vieille?...

ANIELLO.

Probablement.

GENNARO.

Que veut dire cela?...

MALATESTA, à Aniello.

Tu ne l'as donc pas vue?...

ANIELLO.

Non, Excellence... C'est un de vos hommes de justice qui m'a chargé de vous informer que la marquise venait d'arriver à sa villa...

GENNARO.

Grand Dieu!

MALATESTA.

C'est impossible!... (Éperdu.) Pourtant... Mais non... Mais oui... Alors, une séparation... (montrant Gennaro), un divorce avec celui-là... et puis une tendre union (se montrant) avec celui-ci... Courons... Chère marquise!... si riche!... si vieille! Viens, Aniello, suis-moi!

(Ils sortent tous deux vivement.)

SCÈNE VIII

GENNARO, seul.

Que vient d'annoncer cet homme?... La vieille marquise rentrée au château! Oh! mon Dieu! ce que je soupçonnais serait-il vrai?... Elle a emporté ce flacon que j'aurais dû briser... Pour me sauver, elle l'a dit, elle s'est sacrifiée... Oh! mon Dieu, mon Dieu!... Ah! c'est toi, Lilla!...

SCÈNE IX

GENNARO, LILLA.

LILLA, accourant.

Chevalier, chevalier, vous êtes libre!...

GENNARO, avec désespoir.

Il est donc vrai!...

LILLA.

Comment! vous n'êtes pas dans l'ivresse?... Oh! la marquise, c'est bien différent! elle est heureuse et fière de vous avoir sauvé... Le sacrifice qu'elle vient de faire vous assure de son amour... Maintenant, pour vous, il est extrême, éternel!

GENNARO.

Son amour, dis-tu, Lilla, son amour?...

LILLA.

Dans un instant, elle sera ici, près de vous... Tombez à ses pieds, couvrez ses mains des baisers les plus ardents...

GENNARO, très-troublé.

Les plus ardents... Oui, oui...

(Il chancelle.)

LILLA.

Mais qu'avez-vous, chevalier?

GENNARO.

Lilla, je ne me sens pas bien, ma chère amie...

LILLA.

Oh! c'est l'approche de l'objet aimé... Quand vous allez la revoir...

GENNARO.

Oui, oui, après un tel dévouement, elle a droit à ma reconnaissance...

LILLA.

La reconnaissance?... Que c'est froid!... Elle a des droits à vos pensées les plus tendres, à votre cœur tout entier... Eh bien, vous pâlissez...

GENNARO.

Lilla, je crains...

LILLA.

Quoi donc?...

GENNARO.

Je crains... de ne pouvoir être assez reconnaissant...

LILLA, avec reproche.

Chevalier...

GENNARO.

Mais, dis-moi, Lilla, la marquise est-elle redevenue absolument ce qu'elle était avant notre mariage?...

LILLA.

Oh! non, non!

GENNARO.

Comment, non?

LILLA, faisant le geste de boire.

Elle ne m'a pas consulté sur la quantité...

GENNARO, avec joie.

De sorte qu'elle n'a que trente ans...

LILLA.

Elle en a soixante et dix!... Elle a épuisé la fiole... Elle a trop bien fait les choses!...

GENNARO.

Lilla, décidément, je me sens très-mal...

(Il tombe dans un fauteuil. — La nuit est venue.)

LILLA, écoutant.

Je l'entends... la voici... Mais quelle obscurité!... Vite, que ce pavillon s'éclaire!...

(Elle va pour frapper sur un timbre.)

GENNARO, se levant et l'arrêtant.

Non! non!... Laisse-moi la croire ce qu'elle était il y a une heure... Ne détruis pas cette illusion chérie, ce doux prestige de jeunesse et de beauté !... car je ne me sens pas la force de voir des traits qui se sont flétris pour moi...

(La Marquise, enveloppée d'un grand voile, a paru à la porte de gauche. Elle fait un signe à Lilla, qui s'éloigne.)

SCÈNE X

GENNARO, LA MARQUISE.

LA MARQUISE, s'avançant, et d'une voix cassée.

Gennaro !...

GENNARO.

Ah ! mon Dieu !

(Il se cache la tête dans ses mains.)

LA MARQUISE.

Eh bien, chevalier, vous n'accourez pas auprès de votre femme ?... Cette froideur, cette indifférence...

GENNARO, toujours détournant la tête.

Oh ! n'allez pas croire, madame... Non... mais... Ah ! pourquoi avez-vous consenti à un tel sacrifice ?...

LA MARQUISE.

Il fallait vous sauver... c'était mon devoir... car, en reprenant l'âge que j'avais hier, j'ai retrouvé tous mes souvenirs... Pauvre chevalier ! c'est moi, hier, à Palerme, qui vous ai forcé à m'épouser, en vous racontant une vieille légende.

GENNARO.

Oui, un roman de chevalerie...

LA MARQUISE.

C'est singulier comme la mémoire me revient, maintenant... Tenez, je me souviens encore que je ne vous ai pas dit la fin...

GENNARO.

Madame, en ce moment...

LA MARQUISE.

Non, la fin est très-intéressante... Le chevalier don Ramire devint possesseur d'un trésor de richesses, de très-grands biens... et d'une très-vieille femme... Aussi eut-il recours à une petite Morisque, bien savante, qui rendit à la vieille tout ce que l'âge lui avait ravi...

GENNARO.

Quel rapport!...

LA MARQUISE.

Joie, ivresse du chevalier... Mais...

CHANT

(Motif du fabliau du premier acte.)

Quand, plein d'amour, il se dispose
A la presser entre ses bras,
A si douce métamorphose
On ne voulut pas croire, hélas !...

Il eut beau faire, il eut beau dire,
On condamna le paladin !...
Mais, auprès de son cher Ramire,
La vieille, revenant soudain,

Lui dit : « Chassez la crainte affreuse
Qui trouble en ce jour votre esprit...
De vous sauver je suis heureuse...
Et le bonheur me rajeunit! »

(A ce moment, toutes les tentures du pavillon s'ouvrent, et le parc apparaît illuminé de toutes parts pour une fête brillante. Des Gentilshommes, des Dames, des Danseurs se promènent sur les pelouses et dans les allées.)

GENNARO, avec ivresse.

Se peut-il ?... Quel nouveau prodige !...
Mais non ! ce n'est pas un prestige !
Voilà mon trésor le plus doux !..
De jeunesse son front rayonne !
C'est une divine madone,
Qu'il faut adorer à genoux !

LA MARQUISE, tendrement.

Votre amour, mon bien le plus doux,
Des beaux jours me rend la couronne
Et toujours, comme une madone,
Toujours je veillerai sur vous!

SCÈNE XI

Les Mêmes, LILLA, MALATESTA, ASCANIO, Gentilshommes, Dames, Amis de la Marquise.

TOUS.

Heureux amants, heureux époux,
Que de beaux jours luiront pour vous!

LILLA, s'approchant en riant de Gennaro.

Notre roman, peut-être vous plaira...

GENNARO, revenant à lui.

Mais la marquise?... la première?...

LA MARQUISE.

Ah! oui... ma vieille belle-mère...
De Venise elle arrive... On vous présentera...

GENNARO, se frappant le front.

A mes yeux la vérité brille!...
Vous êtes...

LA MARQUISE, saluant avec humilité.

Cette pauvre fille
Qu'un beau chevalier dédaigna!...

GENNARO.

Et vous avez tant de clémence!...

ASCANIO, riant.

Nous t'avons donné grand souci!...

LA MARQUISE, souriant.

Mais j'ai du temps pour ma vengeance...

LILLA, à Gennaro, avec une grande révérence.

Puisque vous êtes son mari...

GENNARO, à Malatesta qui s'avance.

Vous étiez aussi leur complice,
Pour me tromper jusques au bout...

MALATESTA, se posant fièrement.

Moi!... comme chef de la police...
Moi!... je ne savais rien du tout...

CHŒUR GÉNÉRAL

Quel brillant hyménée !
Amis, célébrons tous
La belle destinée
De ces nobles époux !
Que cette nuit s'achève
Au bruit des chants d'amour !
L'aurore qui se lève
Présage un plus beau jour !

FIN DU ROMAN D'ELVIRE

L'ENVERS
D'UNE CONSPIRATION

COMÉDIE EN CINQ ACTES

Vaudeville. — 4 juin 1860.

DISTRIBUTION

CHARLES II, roi d'Angleterre................ MM.	Nertann.
EVAN MAC DONALD.......................	Dupuis.
LE COLONEL GEORGE HAMILTON, ardent presbytérien.............................	Munié.
CUDDY, domestique d'Evan Mac Donald......	Parade.
LE COMTE DE MONTROSE...................	Chaumont.
ASHLEY...................................	Joliet.
MIDDLETON...............................	Aubrée.
VOGHAN..................................	Candeilh.
Premier Bourgeois........................	Bastien.
Deuxième Bourgeois.......................	Saint-Germain.
PITTER BACH.............................	Boisselot.
Le Capitaine.............................	Lemoigne.
Premier Ouvrier..........................	Hamburger.
Deuxième Ouvrier.........................	Schaub.
Un Domestique............................	Roger.
Un Crieur................................	Lechapelier.
LA REINE CATHERINE DE BRAGANCE, femme de Charles II................... Mmes	Delphine Marquet.
MISS EDITH HAMILTON, sœur du colonel Hamilton...............................	B. Pierson.
NANCY, sa suivante.......................	Gremilly.
MADAME BACH.............................	Alexis.

— 1600. — Le premier acte, en Hollande; les autres actes, a Londres. —

ACTE PREMIER

L'intérieur d'une petite maison isolée, bâtie sur la plage de Scheveningen, à deux lieues de La Haye. A droite, un grand fauteuil, une table, une fenêtre; porte au fond, porte à gauche; siéges; un grand bahut.

SCÈNE PREMIÈRE

PITTER BACH, MADAME BACH.

Au lever du rideau, ils sont à table et achèvent de souper. Pitter avale un petit verre d'eau-de-vie, se renverse sur le dossier de sa chaise et fait claquer sa langue d'un air satisfait; puis il prend une pipe et la bourre de tabac qui se trouve dans un pot placé sur la table. — Madame Bach commence à enlever le couvert.

PITTER.

La, maintenant que Dieu nous a fait la grâce de nous donner un bon souper, un morceau de fromage pour dessert, et un verre de schiedam par-dessus, je crois, madame Bach, que ce que nous avons de mieux à faire, sauf meilleur avis, c'est de le remercier de ses bontés, et de nous mettre au lit; qu'en dites-vous?

MADAME PITTER, continuant à débarrasser la table.

Vous savez, Pitter, que je vous suis soumise en tout point; qu'il soit donc fait selon votre volonté.

PITTER.

Oui, oui, oui! Je sais que vous êtes une bonne femme, un peu bavarde, un peu... (On frappe à la porte.) Bon! qui frappe à pareille heure?

MADAME BACH, regardant le coucou, à droite.

En effet, neuf heures et demie.

PITTER.

Ne serait-ce point ce cavalier qui nous donne dix souverains par mois pour disposer de temps en temps, pendant une nuit, de notre maison?

MADAME BACH.

Vous n'avez aucune mémoire, Pitter; rappelez-vous que, fatigué, la dernière fois qu'il est venu, d'avoir frappé une heure avant de parvenir à nous réveiller, il vous a demandé une clef, que vous lui avez donnée.

PITTER.

C'est vrai; peut-être aussi est-ce quelqu'un qui se trompe. (On frappe de nouveau.) Ah! ah!

MADAME BACH.

Demande qui cela est... Veux-tu que je demande, moi?

PITTER, d'un ton peu rassuré.

Non; si ce sont de mauvais coquins, comme il en rôde la nuit sur notre plage de Scheveningen, ou des matelots ivres. mieux vaut que ce soit moi qui leur parle; une voix d'homme impose plus qu'une voix de femme. (On frappe une troisième fois.) Que voulez-vous?

UNE VOIX DE FEMME.

Entrer, d'abord.

PITTER.

Et pour quelle cause voulez-vous entrer?

LA VOIX.

Pour vous faire gagner cent florins.

PITTER et MADAME BACH, se regardant.

Cent florins?

LA VOIX.

Seulement, ouvrez vite; je désire ne pas être vue.

PITTER, faisant tourner la clef dans la serrure.

Je crois que je puis, d'après le son de cette voix, ouvrir sans danger.

(Une Femme voilée pousse la porte.)

SCÈNE II

Les Mêmes; une Dame voilée.

LA DAME.

Oui, mon cher maître Bach, vous le pouvez. Là!... maintenant, refermez cette porte.

PITTER.

Pardon, madame, mais qui êtes-vous?

LA DAME, levant son voile.

Vous me faites justement la seule question à laquelle je ne puisse pas répondre.

MADAME BACH.

Seriez-vous poursuivie?

LA DAME.

Je ne crois pas...Épiée tout au plus; mais, par bonheur, je suis à peu près sûre de n'avoir été vue de personne. Causons donc tranquillement de nos affaires.

PITTER.

Nous avons donc des affaires ensemble?

LA DAME.

Pas encore... Mais nous allons en avoir, à ce que je présume.

MADAME BACH.

Alors, madame, donnez-vous la peine de vous asseoir.

LA DAME, s'asseyant.

Volontiers... Je suis venue à pied, et, comme je n'ai pas une grande habitude de marcher, surtout dans le sable, je suis fatiguée.

MADAME BACH, à son mari.

C'est une grande dame!

PITTER.

Hum! il est bien tard pour une grande dame.

LA DAME.

Voici donc ce que je voulais vous dire...

PITTER.

A propos des cent florins dont vous me parliez tout à l'heure?

LA DAME.

Justement, maître Pitter.

PITTER.

Je vous écoute.

LA DAME.

J'aborde nettement la question. Pouvez-vous me céder votre maison pour cette nuit?

PITTER.

Plaît-il?

MADAME BACH, à son mari.

Notre maison! Madame demande si, pour cette nuit, nous pouvons lui céder notre maison.

PITTER.

J'entends bien... j'entends bien, et c'est justement ce qui m'embarrasse.

LA DAME.

Répondez : oui ou non.

PITTER.

Je répondrais bien oui.

LA DAME.

Si vous répondez oui, les cent florins sont dans cette bourse.

MADAME BACH.

Tu entends, Pitter, les cent florins.

PITTER.

Parbleu ! oui, j'entends... seulement, il y a une difficulté.

LA DAME.

Laquelle ? Dites. Peut-être la lèverons-nous.

PITTER.

Notre maison n'est pas tout à fait libre, madame.

LA DAME.

Comment cela ?

PITTER.

Nous l'avons louée à un gentilhomme.

LA DAME.

Qui s'appelle ?

PITTER.

Je ne saurais vous dire, madame ; quand nous lui avons demandé son nom, il nous a fait la même réponse que vous quand nous vous avons demandé le vôtre.

LA DAME.

Mais si, en effet, comme vous le dites, maître Pitter, un gentilhomme a loué votre maison, comment se fait-il que ce soit vous qui l'habitiez, et non pas lui ?

PITTER.

Excusez-moi, madame, mais il ne l'a pas louée pour l'habiter.

LA DAME.

En ce cas, à quoi lui sert-elle ?

PITTER.

A y venir de temps en temps passer une nuit.

LA DAME.

Ah ! ah !

MADAME BACH.

En tout bien tout honneur, madame ; sans cela, croyez bien que, ni pour or, ni pour argent, il ne l'aurait eue.

LA DAME.

Je vous crois, madame Bach... Mais qu'appelez-vous de temps en temps?

PITTER.

Dame! depuis trois mois, et même plus, que nous avons fait marché avec lui, à dix souverains par mois, il n'est encore venu que trois fois.

LA DAME.

Ce serait donc un grand hasard qu'il vînt cette nuit?

PITTER.

Dame!...

LA DAME.

Ne le pensez-vous pas?

MADAME BACH.

En effet, n'est-ce pas, Pitter?

PITTER.

Aussi, s'il faut vous le dire, je ne vois pas un énorme inconvénient...

LA DAME.

A ce que, après avoir reçu dix souverains du cavalier inconnu, vous receviez cent florins de la dame voilée?

PITTER.

Si cependant, madame, tandis que vous êtes là, le cavalier arrivait...

LA DAME.

Est-il jeune?

MADAME BACH.

Autant que nous en avons pu juger, sous le manteau qui l'enveloppait, ce doit être un homme de trente à trente-cinq ans.

LA DAME.

Le croyez-vous de bonne naissance?

PITTER.

Je lui ai, pour ma part, trouvé fort grand air.

LA DAME, se levant.

Alors, voyant une femme, il aura, selon toute probabilité, la courtoisie de me céder la place.

MADAME BACH.

Oh! sans aucun doute!

PITTER.

Cependant, notez ceci : nous ne répondons de rien.

LA DAME.

Je ne vous demande pas d'être sa caution. Voici vos cent florins.

PITTER, à sa femme.

Eh bien, tu les prends?

MADAME BACH.

Pareille bénédiction ne tombe pas sur une maison tous les jours.

PITTER.

Madame a-t-elle d'autres ordres à nous donner?

LA DAME.

Mettez cette lampe sur la cheminée.

(Elle tire de sa poche une lettre qu'elle relit.)

MADAME BACH.

Elle y est.

LA DAME.

Desservez cette table.

PITTER.

C'est fait.

LA DAME.

Approchez-la de la fenêtre.

PITTER.

Est-ce bien ainsi?

LA DAME.

Ah! maintenant, vous n'avez peut-être pas ce que je vais vous demander.

MADAME BACH.

Que madame dise toujours.

LA DAME.

J'ai besoin de trois bougies.

MADAME BACH.

Nous les avons... Ce cavalier ne brûle que de la cire. Trois bougies, Pitter!

PITTER.

Où faut-il les placer?

LA DAME.

Sur la table. Maintenant... (Indiquant la première porte à gauche.) Cette porte est celle de votre chambre à coucher, n'est-ce pas?

MADAME BACH.

Oui, madame.

LA DAME.
Elle doit avoir une sortie sur la plage?

MADAME BACH.
Non; mais les fenêtres sont basses et peuvent servir de portes.

LA DAME.
Cela revient au même.

PITTER.
C'est étrange! Vous nous faites juste les mêmes questions que nous a faites le gentilhomme.

LA DAME.
Étrange, en effet. Finissons... Vous êtes d'honnêtes gens?

PITTER.
Oh! madame, les Bach sont connus de père en fils.

LA DAME.
C'est pour cela probablement que je m'adresse à vous.

PITTER.
On n'a fait que nous rendre justice.

LA DAME.
Promettez-moi de ne vous livrer à aucune recherche, pour savoir qui je suis, ni ce que je viens faire chez vous.

PITTER.
Foi de Pitter!

LA DAME.
Et vous, madame Bach?

MADAME BACH.
Du moment que Pitter a donné sa parole, c'est pour nous deux.

LA DAME.
Allez donc, et me laissez seule.

MADAME BACH, à son mari.
C'est égal, je voudrais bien savoir ce qui va se passer ici.

PITTER.
Madame Bach, mettez vos yeux dans votre poche, et votre langue par-dessus. Quant à moi, je suis sourd et aveugle.

LA DAME.
Pendant que vous y êtes, soyez encore muet, il ne vous en coûtera pas davantage.

(Pitter et sa femme sortent.)

SCÈNE III

La Dame voilée, seule.

J'avais peur que la négociation ne fût plus longue et plus difficile. (Regardant l'heure à une montre enrichie de pierreries.) Dix heures! La personne que j'attends doit être à son poste. Donnons le signal; seulement, ne nous trompons pas... Voyons. (Lisant un fragment de lettre.) « Le 25 mai, 1660, je serai, à dix heures du soir, dans la maison à droite en regardant la mer, par la fenêtre de la maison de Pitter Bach; si vous avez pu, madame, obtenir de ceux qui l'habitent, que cette maison vous soit abandonnée, vous allumerez trois bougies; vous les placerez sur une seule ligne, en face de la fenêtre; vous éteindrez les deux bougies des extrémités, puis enfin vous lèverez celle du milieu au-dessus de votre tête. Un signal pareil vous répondra. Alors, madame, vous saurez que je suis arrivée, et je saurai, moi, que je n'ai rien à craindre, non plus que les personnes qui m'accompagnent. » (Elle allume les trois bougies à la lampe qu'elle éteint, les dispose sur une seule ligne, puis regarde de nouveau la lettre.) C'est bien cela, on répond! (Elle souffle les bougies des deux extrémités, et élève au-dessus de sa tête celle du milieu.) Très-bien! le signal se répète. Dieu soit loué! (Elle enlève la bougie allumée, la place sur la cheminée, ferme la fenêtre, va à la porte et écoute. Au bout d'un instant, on frappe trois petits coups.) Est-ce toi ?

VOIX DE FEMME, au dehors.

Oui, madame.

LA DAME.

Entre vite. (Entre Edith.) Attends.

(Elle va fermer la porte.)

SCÈNE IV

EDITH, LA REINE.

EDITH.

Chère reine!

LA REINE.

Que fais-tu donc?... Dans mes bras, mon enfant! dans mes bras!

EDITH.

Votre Majesté a reçu ma lettre?

LA REINE.

Hier.

EDITH.

Hier seulement?

LA REINE.

Oui.

EDITH.

Bien intacte?

LA REINE.

Oh! cela, je n'ose te l'assurer... On imite si bien et si promptement les cachets dans notre heureux temps!

(Elle va s'asseoir.)

EDITH, joyeuse.

Reine! tout va changer pour vous et pour le roi votre époux.

LA REINE.

Tu apportes donc de bonnes nouvelles?

EDITH.

D'excellentes! Tout va à merveille à Londres... Le parti du roi Charles II s'accroît tous les jours... M. Monk...

LA REINE.

Silence!

EDITH.

Qu'est cela?

LA REINE.

N'as-tu pas entendu le grincement d'une clef dans cette serrure?

EDITH.

Oui.

LA REINE.

Entre là!

(Elle pousse la jeune fille dans la chambre à coucher, souffle la bougie et attend. — Nuit sur le théâtre.)

SCÈNE V

LA REINE, UN CAVALIER, enveloppé dans un grand manteau.

Le Cavalier referme avec soin la porte, tire une lanterne sourde de dessous son manteau, qu'il laisse retomber sur ses épaules, et allume à la lanterne les deux bougies restées sur la table.)

LA REINE, s'écriant, au moment où la lumière de la bougie éclaire le visage du Cavalier.

Le roi !

CHARLES.

Hein !... quelqu'un !...

LA REINE, répétant avec surprise.

Le roi !

CHARLES.

Une femme ?

LA REINE.

Non pas une femme, sire... (Elle relève son voile.) Mais la reine !

CHARLES.

La reine ! Vous ici, madame ?

LA REINE.

Oui, sire...

CHARLES.

Et que venez-vous faire dans cette pauvre maison, mon Dieu ?...

LA REINE.

J'adresserai la même question à Votre Majesté.

CHARLES.

Moi, madame, je conspire.

LA REINE.

Pour qui ?

CHARLES.

Pour moi... Et vous ?

LA REINE.

Je conspire aussi... Mais, hélas ! contre moi.

CHARLES.

Je ne vous comprends pas.

LA REINE.

Pour qui vous connaît, sire, la réponse est pourtant bien claire... Mariée depuis quelques mois à peine à Votre Majesté, mariée en dehors des conditions ordinaires de la royauté, puisque j'ai le malheur de vous aimer...

CHARLES, galamment.

Vous appelez cela un malheur, madame: alors votre malheur est fait de mon bonheur, à moi.

(Il lui baise la main.)

LA REINE.

Je sais, sire, qu'il n'existe pas au monde un gentilhomme plus courtois que Votre Majesté; mais je crains qu'il n'existe pas non plus un mari plus inconstant.

CHARLES, souriant.

Asseyez-vous donc, madame.

LA REINE.

Et vous, sire?

(Elle s'assied.)

CHARLES.

Je me tiens debout; ne suis-je pas l'accusé?

LA REINE.

Eh bien, tant que nous serons pauvres, sans cour, sans royaume, proscrits de l'Angleterre, exilés de la France, tolérés à peine en Hollande, je vous aurai là, près de moi. Mon Dieu! vous me tromperez sans doute!... on dit qu'il vous est impossible de rester un mois fidèle à la même femme; mais vous reviendrez toujours à celle qui, en vous laissant toute votre liberté, vous garde tout son amour; tandis qu'une fois sur le trône, hélas! disposant des places, des honneurs, de l'argent de l'Angleterre, favoris et favorites, tout le monde vous aura, excepté moi.

CHARLES.

Oh! madame!

LA REINE.

Que voulez-vous! c'est ma destinée... glorieuse peut-être pour l'orgueil, mais triste pour le cœur... Peu importe! je l'accepte ainsi. Je ne vous ai jamais fait un seul reproche : je ne vous en ferai jamais! J'ai pour vous la tendresse profonde d'une épouse, mais, avant tout, le dévouement sans bornes d'un ami.

CHARLES.

Je sais cela, madame, et c'est à deux genoux que je devrais vous remercier.

LA REINE.

C'est mon devoir, et l'on ne remercie pas si humblement pour un simple devoir accompli.

CHARLES.

Et, malgré tout cet avenir de chimères, vous n'hésitez pas à conspirer *contre vous* ?

LA REINE.

Non ; car, en conspirant contre moi, je conspire en même temps pour vous.

CHARLES.

Est-ce indiscret, madame, de vous demander où vous en êtes de votre conspiration ?

LA REINE.

Mais assez avancée.

CHARLES.

En verité, madame, vous êtes charmante, et j'ai bien envie d'abandonner mon entreprise pour entrer dans la vôtre.

LA REINE.

Sire, deux têtes ne vont pas à un seul corps... Il ne faut pas deux chefs au même complot.

CHARLES.

Je me contenterai de la seconde place, et vous laisserai la première.

LA REINE.

Vous raillez, sire, vous êtes le maître ; seulement (elle se soulève), souvenez-vous d'une chose : c'est que votre femme est fille de cette courageuse duchesse de Bragance qui a donné un trône à son époux.

CHARLES.

Je vous jure, madame, que je ne demande pas mieux que de tenir mon trône de votre main. Mais, voyons, où en êtes-vous ?... Je crois que le moment est venu de nous faire nos confidences, puisque, parties de deux points différents, nos deux conspirations tendent au même but. Racontez-moi où vous en êtes de la vôtre, et je vous dirai où j'en suis de la mienne.

LA REINE.

Commencez, sire ; je ne doute pas de la supériorité de vos combinaisons ; quand vous aurez parlé, je verrai si c'est la peine que je parle.

CHARLES.

Hélas! moi, madame, je dois l'avouer, assez hardi capitaine lorsqu'il s'agit de tenter un coup de main dans le genre de celui de 1651, je suis, lorsqu'il s'agit de négocier, un assez mauvais diplomate; aussi, dans ce moment, je procède par ambassadeurs.

LA REINE.

Ah! (Elle s'assied.) Et vos ambassadeurs sont...?

CHARLES.

Ashley Cooper et Middleton.

LA REINE.

Et quelles sont les puissances près desquelles vous les avez accrédités?

CHARLES.

Ashley Cooper près de M. de Mazarin, Milddleton près de M. Monk.

LA REINE.

Et vous vous fiez à vos ambassadeurs?

CHARLES.

Je ne me fie à personne, madame...

LA REINE.

Eh bien, moi, sire, je sais de bonne source que ces deux hommes vous trahissent et reçoivent de l'argent de vos ennemis.

CHARLES.

C'est probable! puisque ce sont les seuls qui m'en donnent, il faut bien ils le tirent de quelque part.

LA REINE.

Qu'espérez-vous de M. Monk et de M. de Mazarin?

CHARLES.

De M. Monk, rien! de M. de Mazarin, pas grand'chose.

LA REINE.

Les connaissez-vous bien tous deux?

CHARLES.

Je crois connaître M. de Mazarin, aussi bien qu'homme qui soit au monde; mais M. Monk, c'est autre chose... personne ne le connaît, lui!

LA REINE.

Un second Cromwell, probablement?...

CHARLES, devenant sérieux un instant.

Oh! M. Monk est un homme bien autrement secret et

mystérieux que M. Cromwell ! M. Cromwell, madame, — je ne parle certes point avec partialité de l'homme qui a fait tomber la tête de mon père et qui m'a volé mon royaume ; — mais, M. Cromwel était un illuminé : il avait des moments d'exaltation, d'épanouissement, de gonflement, comme un tonneau trop plein. Par les fentes de son orgueil, dans ces moments-là, s'échappaient toujours quelques gouttes de sa pensée, et, à l'échantillon, on pouvait arriver à reconnaître sa pensée tout entière. Cromwell nous a laissé pénétrer ainsi plus de dix fois dans son âme, quand il croyait son âme aussi bien fermée que sa cuirasse. Vous êtes femme, vous êtes jeune, vous êtes belle, vous avez toutes les séductions qu'il est donné à une femme d'avoir ; vous êtes la fille d'une duchesse qui a fait de son mari un roi ; enfin, par votre grand'mère Ève, vous avez le serpent pour cousin ; je vous donne M. de Mazarin à vaincre, et je ne doute pas que vous ne m'ameniez pieds et poings liés le rusé Sicilien. Mais que Dieu vous garde, madame, d'entreprendre de lutter contre M. Monk ! ce n'est pas un illuminé, lui, malheureusement : c'est un politique ; il ne se gonfle pas, il se resserre. Depuis trois ans, il poursuit un projet dans le fond de son cœur, et nul n'a pu voir encore sur quel but se fixent ses yeux. Tous les matins, comme conseillait de le faire Louis XI, il brûle son bonnet de nuit, dans la crainte qu'il ne connaisse ses rêves. Aussi, le jour où ce plan, où cette mine lentement et solitairement creusée, éclatera, elle éclatera avec les innombrables conditions de succès qui accompagnent toujours l'imprévu.

LA REINE.

Mais, enfin, que leur faites-vous demander ?

CHARLES.

A M. de Mazarin, un million et cinq cents soldats ; à M. Monk... sa protection...

LA REINE.

La protection d'un soldat de fortune !

CHARLES.

Ce soldat de fortune, madame, tient l'Angleterre dans sa main. Il en fera à sa volonté un royaume, ou, selon son caprice, la gardera en république. Il couronnera qui il voudra, ou Richard Cromwell, ou M. Lambert, ou moi, ou lui-même.

(On frappe à la porte.)

LA REINE, se levant.

Sire, on frappe. Oh ! mon Dieu !

CHARLES.

Vous me faites oublier que j'attends mes deux messagers dans cette maison, que j'ai louée pour mes conférences secrètes. C'est ou Ashley ou Middleton qui vient au rendez-vous.

LA REINE.

Dois-je me retirer, sire ?

CHARLES, allant à la porte.

Non, restez. (Interrogeant.) Le Louvre ou Newcastle ?

UNE VOIX, en dehors.

Le Louvre.

CHARLES, à la Reine.

C'est Ashley Cooper. (Il ouvre la porte.) Entrez.

SCÈNE VI

Les Mêmes, ASHLEY.

CHARLES.

Vous le voyez, Ashley, je vous attendais.

ASHLEY.

Votre Majesté n'est pas seule...

CHARLES.

Vous pouvez parler, c'est la reine. (Ashley s'incline. Instant de silence.) Eh bien, pourquoi tardez-vous donc tant à me rendre compte de votre mission ?

ASHLEY.

Je me presserais davantage si j'avais de bonnes nouvelles à annoncer à Votre Majesté.

CHARLES.

Ah ! ah ! le Mazarin refuse le million, à ce qu'il paraît ?...

ASHLEY.

Le roi de France n'a pas d'argent.

CHARLES.

Mais, au moins, nous accorde-t-il nos cinq cents hommes ?

ASHLEY.

Le roi a besoin de tous ses soldats, depuis le premier jusqu'au dernier.

CHARLES.
Ainsi, aucun espoir de ce côté?...
ASHLEY.
Aucun.
CHARLES, s'essuyant le front.
Allons, peut-être serai-je plus heureux du côté de M. Monk que du côté de monsignor Mazarino Mazarini...
ASHLEY.
J'en doute, sire!
CHARLES.
Ah! et pourquoi en doutez-vous?
ASHLEY.
Parce que je suis venu, de la Haye ici, avec Middleton.
CHARLES.
Étiez-vous donc convenus de vous faire part, avant de m'en faire part à moi, du résultat de votre ambassade, et vous étiez-vous donné rendez-vous à la Haye?
ASHLEY.
Sire, le hasard seul...
CHARLES.
Où avez-vous laissé Middleton?
ASHLEY.
A cent pas d'ici. Il savait que Votre Majesté m'attendait le premier.
CHARLES.
Appelez-le.
(Ashley va à la porte.)
LA REINE, se levant, à Charles.
Doutez-vous encore que ces hommes vous trahissent?
CHARLES.
Eh! madame... on trahit bien les puissants! pourquoi ne trahirait-on pas les faibles?
LA REINE.
Parce que c'est doublement lâche.

SCÈNE VII

Les Mêmes, MIDDLETON.

CHARLES.
Entrez hardiment, monsieur, puisque je sais d'avance que vous n'avez que de mauvaises nouvelles à m'apporter.

MIDDLETON.

Hélas ! oui, sire.

CHARLES.

Vous avez vu M. Monk, cependant? vous lui avez parlé à lui-même, comme je vous l'avais recommandé, n'est-ce pas?

MIDDLETON.

J'ai vu M. Monk, je lui ai parlé à lui-même.

CHARLES.

Il a refusé mes offres?

MIDDLETON.

Il n'a ni refusé ni accepté.

CHARLES.

Mais, enfin, qu'a-t-il répondu?

MIDDLETON.

Sire, permettez-moi de ne point vous transmettre des paroles qui seraient des outrages, si un rebelle pouvait outrager son roi.

CHARLES.

Mon cher Middleton, je n'ai point tenu à connaître les paroles de M. de Mazarin ; mais M. Monk, lui, est un homme supérieur, et il y a toujours un enseignement dans les paroles d'un homme supérieur. Rapportez-moi donc les paroles de M. Monk, non-seulement sans en altérer le sens, mais sans y changer un mot, sans en distraire une syllabe.

MIDDLETON.

Sire, je n'oserai jamais.

CHARLES.

Je le veux ; je fais plus, je vous en prie.

MIDDLETON.

Vous êtes mon maître, sire, je dois obéir à vos ordres. « Dites à celui que vous appelez le roi, que je ne relève de personne, étant le fils de mon épée. Rien, jusqu'ici d'ailleurs, ne le recommande à mon admiration, ne sollicite pour lui mon dévouement, il a livré des combats et les a perdus... C'est donc un mauvais capitaine... »

LA REINE.

Sire !...

(Elle se lève.)

CHARLES, lui saisissant le poignet et s'adressant à Middleton.

Continuez...

MIDDLETON.

« Il n'a réussi dans aucune négociation... C'est donc un mauvais diplomate... »

LA REINE.

Sire !...

CHARLES.

Continuez...

MIDDLETON.

« Il a colporté sa misère dans toutes les cours de l'Europe... C'est donc un cœur faible et pusillanime. Que votre roi se montre, qu'il subisse le concours ouvert au génie, et surtout qu'il se souvienne qu'il est d'une race à laquelle on demandera plus qu'à tout autre. Ainsi, monsieur, n'en parlons plus ; je ne refuse ni n'accepte ; je me réserve, j'attends ! »

CHARLES.

Eh bien, quand je vous disais, Middleton, qu'il y avait toujours quelque chose à gagner aux paroles d'un homme supérieur ! M. Monk se donne la peine de m'offrir un conseil ; le conseil doit être bon : je le suivrai... (Il serre la main de la Reine.) Messieurs, laissez-moi causer avec la reine des choses importantes que vous venez de me dire.

(Middleton et Ashley sortent. — Le Roi les reconduit.)

SCÈNE VIII

CHARLES, LA REINE.

CHARLES.

La leçon est sévère ; mais elle profitera, madame, je vous le jure.

LA REINE.

Parlez-vous du fond du cœur, sire ?

CHARLES.

Oh ! je vous en réponds !

LA REINE.

Êtes-vous bien décidé, si quelque occasion favorable se présente de réparer l'échec de Worcester, à saisir cette occasion ?

CHARLES.

Dussé-je y laisser ma tête, oui, madame, sûr que je suis de n'y pas laisser mon honneur.

LA REINE, allant ouvrir la porte de la chambre à coucher.

Viens, mon enfant...

CHARLES.

Comment! quelqu'un était là? quelqu'un nous entendait?...

LA REINE.

Ne vous ai-je pas dit que je conspirais de mon côté?...

SCÈNE IX

Les Mêmes, EDITH.

LA REINE.

Sire, j'ai l'honneur de présenter à Votre Majesté miss Edith Hamilton.

CHARLES.

Sœur du colonel George Hamilton, un de mes ennemis les plus acharnés?

EDITH, passant devant la Reine et allant au Roi.

C'est vrai, sire... Mais fille de sir Robert Hamilton, qui, au risque de sa tête, vous a donné l'hospitalité, le surlendemain de la bataille de Worcester, et de lady Lane Hamilton.

CHARLES.

Excusez-moi, mademoiselle; il n'est plus besoin de me rappeler tout ce que je dois à votre famille.

EDITH.

Vous ne lui devez pas encore assez à mon avis, sire; voilà pourquoi j'étais dans cette chambre, voilà pourquoi je vous écoutais.

CHARLES, tristement.

Alors, vous avez entendu d'assez tristes nouvelles, miss Edith.

EDITH.

Tant mieux, sire; les miennes ne vous en sembleront que meilleures.

CHARLES.

Comment?

EDITH.

Sire, par le commandement de la reine, j'ai vu et réuni tout ce que vous avez à Londres d'amis éprouvés.

CHARLES.

Vous? (Souriant avec tristesse.) Et la réunion a-t-elle été nombreuse?

LA REINE.

Si nombreuse, sire, que dès demain, si vous étiez à Londres, l'enthousiasme universel vous proclamerait roi.

EDITH.

Je vous le garantis, sire.

CHARLES.

Par malheur, il faut y arriver, à Londres; et comment voulez-vous que j'y arrive seul, quand je n'ai pas pu y arriver avec dix mille Écossais?

LA REINE.

C'est que vous avez rencontré M. Cromwell sur votre chemin, sire.

CHARLES.

Mais il me faudrait un bâtiment quelconque, fût-ce une tartane, fût-ce un chasse-marée, fût-ce un canot!

EDITH.

Sire, une felouque est à l'ancre, à deux milles d'ici; dites un mot, et dans un quart d'heure vous serez à bord.

CHARLES.

Mais, si je suis forcé, pour attendre ou préparer les événements, de séjourner quelque temps à Londres avant d'y faire connaître ma présence, où me cacherai-je?

EDITH.

Chez mon frère, sire; on n'ira point vous chercher dans la maison du plus fanatique officier du général Lambert.

CHARLES.

Votre frère m'offre un asile dans sa maison?

EDITH.

Non, sire; mais moi...

CHARLES.

Vous?... comment cela?

EDITH.

C'est bien simple; écoutez-moi, sire.

CHARLES.

Je ne perds pas un mot de ce que vous allez dire... Parlez...

LA REINE.

Oui, parle, mon enfant, parle.

EDITH.

La maison de mon frère est située rue de Villiers. Nous avons acheté, sous le nom de ma vieille nourrice, une maison attenante à une partie inhabitée de celle de mon frère. Cette maison achetée par moi donne sur la Tamise, et l'on y aborde à la fois par une rue transversale et par la rivière. Pendant que mon frère, qui me croit à Preston, était à l'armée du général Lambert, où il est encore, du reste, j'ai fait percer une porte de ma maison dans la sienne. Cette porte est invisible du côté de la maison de George, elle est cachée par une armoire saillante qui tourne avec elle. — Si vous êtes inquiété dans la maison de mon frère, vous repassez dans la mienne. Celle-là, comme je l'ai dit à Votre Majesté, a deux sorties : l'une sur la rue de Villiers, l'autre sur le fleuve... Une barque stationne constamment sur la Tamise, et...

CHARLES.

Voilà plus de précautions qu'il n'en faut pour me décider. Maintenant, sur quels amis puis-je compter?

EDITH.

Sur le comte d'Argyle, le comte d'Atthole, le capitaine Graham de Claverhouse, le chevalier Woghan, le comte de Montrose, qui m'ont tous accompagnée... Ils sont ici et seront les matelots de Votre Majesté.

CHARLES.

Mais, pendant la traversée et en mettant pied à terre, j'aurai des ordres à signer.

EDITH.

C'est prévu... Voici des parchemins; voici le sceau de l'État, qui a été sauvé du château de Dunottar.

CHARLES, à la Reine.

Ah! vous le disiez bien, madame, il n'y a que les femmes qui sachent conspirer. — Quand pouvons-nous partir?

EDITH.

Quand Votre Majesté voudra... La barque est prête, la felouque attend, les matelots sont là.

CHARLES.

Ainsi donc, grâce à Dieu, rien ne me retient plus sur cette terre d'exil où j'ai tant souffert!

(Ashley et Middleton paraissent au fond.)

SCÈNE X

Les Mêmes, MIDDLETON et ASHLEY.

CHARLES.

Messieurs, nous partons à l'instant pour Londres.

ASHLEY.

Que dites-vous, sire ?

CHARLES.

Je dis que mes amis m'attendent, et qu'avant trois jours, je serai assis sur le trône d'Angleterre, ou j'aurai suivi mon père dans la tombe.

MIDDLETON.

Le roi permettra-t-il à ses bien humbles serviteurs de lui faire quelques représentations sur la témérité de son projet?

CHARLES.

Messieurs, je suis décidé; c'est à vous de me suivre ou de rester...

MIDDLETON.

Sire, nous ne croyons pas qu'il soit de notre devoir de laisser notre roi s'exposer à une mort certaine, et, dans un cas comme celui qui se présente...

CHARLES.

Eh bien ?

MIDDLETON.

Notre dévouement ira...

CHARLES.

Jusqu'où ?... Voyons...

ASHLEY.

Jusqu'à nous opposer au départ de Votre Majesté.

CHARLES.

Par la force?

MIDDLETON, en s'inclinant.

Par tous les moyens!

CHARLES.

Ah! vous vous trahissez donc enfin, messieurs! tout en gardant le masque de fidélité à l'aide duquel vous m'espionniez depuis quatre ans.

MIDDLETON et ASHLEY.

Sire...

CHARLES.

Messieurs, avant d'être roi, je suis gentilhomme; avant de porter le sceptre, je porte l'épée! voici mon dernier ordre Laissez passer le roi!

MIDDLETON et ASHLEY.

Impossible sire!

CHARLES, la main à la garde de son épée.

Ah!

LA REINE.

Sire! au nom du ciel!

CHARLES.

Eh! madame, ne m'avez-vous pas dit que ces hommes étaient des traîtres?

EDITH, allant au Roi.

Sire, la reine vous a dit cela, et moi, à mon tour, bien respectueusement, je vous dis (baissant la voix) : On ne tire pas l'épée contre des traîtres, sire!

CHARLES, bas.

Que fait-on?

EDITH, même jeu.

On les fait arrêter!

CHARLES.

Voulez-vous me dire comment?

EDITH, lui montrant le parchemin, tout en se cachant des deux Seigneurs.

C'est bien simple : on signe ce parchemin tout écrit, tout scellé, et l'on appelle son capitaine des gardes.

CHARLES, prenant le parchemin.

J'ai donc un capitaine des gardes?

LA REINE, bas.

Faites ce qu'elle vous dit, sire!

EDITH, bas.

Appelez!

CHARLES, haut.

Holà! mon capitaine des gardes!

SCÈNE XI

Les Mêmes, LE COMTE DE MONTROSE.

MONTROSE, sortant de la chambre à gauche.

Me voilà, sire!

CHARLES.

Montrose! (Il va à la table, signe le parchemin et le remet à Montrose.) Arrêtez ces messieurs!

MONTROSE, prenant le parchemin.

Vous êtes mes prisonniers, messieurs. Ordre du roi.

(Il tire son épée, et va ouvrir la porte du fond, où quatre Matelots se trouvent placés. Ceux-ci s'inclinent à la vue du Roi.)

CHARLES.

Et maintenant... laissez passer la reine et sa première dame d'honneur!

ACTE DEUXIÈME

A Londres. — Au fond, le palais de White-Hall ; en avant, la place; quatre rues praticables y aboutissent; une cinquième, non praticable, longe une des ailes du palais et se perd dans le lointain. — Des groupes nombreux stationnent sur la place. Dans chacun de ces groupes, on discute bruyamment. Sir John Greenville, vêtu très-simplement, est appuyé contre l'angle d'une maison, au coin de la rue, au premier plan à droite.

SCÈNE PREMIÈRE

Premier Ouvrier, deuxième Ouvrier, Gens du Peuple, un Bourgeois, SIR JOHN GREENVILLE, puis LE COMTE DE MONTROSE.

PREMIER OUVRIER, élevant la voix.

Je vous dis que les événements sont graves. Le général Lambert vient de s'emparer de la Tour, et s'y fortifie. Donc, les républicains ont quelque chose à craindre.

DEUXIÈME OUVRIER, de même.

Le général Monk a refusé ce matin de prêter le serment voulu contre les Stuarts. Donc, les royalistes ont quelque raison d'espérer.

PREMIER OUVRIER.

Il faudrait pourtant savoir où nous en sommes. Or, qui

peut mieux nous l'apprendre que ceux dont la mission est de nous instruire?... Je veux parler des papiers publics.
DEUXIÈME OUVRIER.
Personne, assurément ; et, comme tout bon Anglais a besoin d'être mis au courant de la situation de son pays, écoutez ce que dit la gazette que j'ai achetée.

(Il monte sur une borne de la maison du premier plan à gauche.)
PREMIER OUVRIER.
Écoutez ce que dit la feuille que je tiens.
DEUXIÈME OUVRIER, lisant.
« Jamais l'orage qui menaçait la vieille Angleterre n'a été plus près d'éclater qu'en ce moment. »
PREMIER OUVRIER, lisant.
« Jamais, à aucune époque, l'horizon politique ne s'est montré plus pur. »
DEUXIÈME OUVRIER.
« Charles Stuart est à la tête de quinze mille hommes. Il s'apprête à quitter le continent et à faire voile pour l'Irlande. »
PREMIER OUVRIER.
« Charles Stuart, abandonné de tous les siens, s'est vu forcé de sortir des Provinces-Unies et s'est réfugié dans le Tyrol. »
DEUXIÈME OUVRIER.
« Il dispose de trésors considérables. »
PREMIER OUVRIER.
« Il est parti sans payer ses dettes. »
UN BOURGEOIS.
Mes enfants, je ne sais si vous serez de mon avis, mais je trouve que nous voilà parfaitement renseignés.

(Mouvement dans les groupes, qui paraissent désappointés.)
LE COMTE DE MONTROSE, qui est entré vers le commencement, profite de la discussion et s'approche de sir John.
C'est vous, sir John Greenville ! vous m'attendiez... Faites savoir à nos amis que le roi est à Douvres. La reine sera ce soir ici, chez lady Hamilton, où nous devons la rejoindre. Mais, par malheur, le frère de miss Edith, le colonel Hamilton, est revenu à Londres avec le général Lambert. Miss Edith l'ignore, et, si son frère venait à la rencontrer, tout serait compromis. Sir John, c'est vous que je charge du soin de l'en prévenir. Allez...

(Sir John s'éloigne. — Montrose sort quelques instants après.)

UN CRIEUR, venant de la droite et lisant.

« Voici le bill du parlement qui invite tous les bons citoyens à déposer à la Monnaie de Londres les bagues, bijoux, vases d'or ou d'argent qui se trouvent en leur possession, sans en excepter la vaisselle plate et autres objets de poids et de valeur; lesdits objets, pour être convertis en monnaie courante et appliqués aux besoins de l'État. »

(Les groupes se sont portés vers le Crieur, qui sort par la gauche.)

LE BOURGEOIS, redescendant la scène.

Ouais! irai-je livrer ce qui est à moi, le fruit de mes pénibles épargnes, avant d'y être bien et dûment contraint? Morbleu! il faudrait pour cela que je fusse un bien pauvre homme et d'un jugement bien borné.

SCÈNE II

PREMIER BOURGEOIS, DEUXIÈME BOURGEOIS, sortant de la maison au premier plan à gauche, avec deux gros paquets sous le bras et deux à la main.

PREMIER BOURGEOIS.

Eh bien, voisin, où allez-vous ainsi, et pourquoi tous ces paquets? Vous mettez-vous en voyage, ou déménagez-vous, par hasard?

DEUXIÈME BOURGEOIS.

Où je vais? Parbleu! ce n'est pas difficile à deviner: porter tous ces objets à la Monnaie de Londres.

PREMIER BOURGEOIS.

Vous les allez porter?

DEUXIÈME BOURGEOIS.

Oui.

PREMIER BOURGEOIS.

De ce pas?

DEUXIÈME BOURGEOIS.

Sans doute.

PREMIER BOURGEOIS.

Et ce sont bien vos bijoux, c'est bien votre argenterie que vous avez pris la peine d'empaqueter ainsi?

DEUXIÈME BOURGEOIS.

Naturellement.

PREMIER BOURGEOIS.

Diantre! je ne vous croyais pas de cette force!

DEUXIÈME BOURGEOIS.

Qu'entendez-vous par là? N'est-il pas d'un bon citoyen de donner l'exemple du dévouement?

PREMIER BOURGEOIS.

Oui, d'un écervelé.

DEUXIÈME BOURGEOIS.

Vous ne vous disposez donc pas à porter votre offrande à l'hôtel de la Monnaie?

PREMIER BOURGEOIS.

Je m'en garderai bien, avant de savoir si les autres y porteront la leur.

DEUXIÈME BOURGEOIS.

On ne voit que cela par les rues.

PREMIER BOURGEOIS.

On ne verra que cela.

DEUXIÈME BOURGEOIS.

Chacun dit qu'il va déposer.

PREMIER BOURGEOIS.

Oui, qu'il ira.

DEUXIÈME BOURGEOIS.

Ah! votre entêtement finira par me donner de l'humeur.

PREMIER BOURGEOIS.

Que voulez-vous! j'ai pour système de patienter, et, après avoir patienté, de temporiser encore.

DEUXIÈME BOURGEOIS.

Si bien que, si je vous imitais, j'attendrais au dernier moment, afin de me trouver avec la foule et de ne plus savoir où déposer tout cela.

PREMIER BOURGEOIS.

A votre place, je craindrais plutôt de ne pas savoir où le retrouver.

DEUXIÈME BOURGEOIS.

Vraiment? Vous avez bonne opinion de la nature humaine! Je vous soutiens, moi, qu'il y aura foule. Je connais mes concitoyens.

PREMIER BOURGEOIS.

Moi aussi, je les connais!

DEUXIÈME BOURGEOIS.

Ils porteront leur avoir, mon ami.

PREMIER BOURGEOIS.
S'ils ne le portent pas?
DEUXIÈME BOURGEOIS.
Ils le porteront, soyez-en sûr.
PREMIER BOURGEOIS.
S'ils ne ne le portent pas, qu'en arrivera-t-il?
DEUXIÈME BOURGEOIS.
On les y forcera.
PREMIER BOURGEOIS.
S'ils sont les plus forts?
DEUXIÈME BOURGEOIS.
Je reprendrai mon bien.
PREMIER BOURGEOIS.
Si on ne veut pas vous le rendre, qu'en arrivera-t-il?
DEUXIÈME BOURGEOIS.
Que vous puissiez crever!
PREMIER BOURGEOIS.
Eh bien, si je crève, qu'en arrivera-t-il?
DEUXIÈME BOURGEOIS, exaspéré.
Ce sera bien fait!

(Il laisse tomber un des paquets; l'argenterie roule à terre.)

SCÈNE III

Les Mêmes, EVAN, puis CUDDY, arrivant par le premier plan à droite.

Cuddy porte une malle sur son épaule et une valise à la main.

EVAN.
Allons, Cuddy.
CUDDY.
Ah! Votre Honneur!
EVAN.
Eh bien, qu'y a-t-il?
CUDDY.
Il me semble, sauf le respect que je dois à Votre Honneur, que nous nous éloignons de plus en plus de l'hôtel Worcester.
EVAN.
Comment peux-tu savoir que nous nous éloignons de l'hôtel, puisque tu ignores, comme moi, où il est situé?

CUDDY.

C'est qu'il me semble qu'en marchant toujours, on doit s'éloigner.

PREMIER BOURGEOIS, à l'autre Bourgeois.

Voulez-vous que je vous aide à porter tout cela?

DEUXIÈME BOURGEOIS, ironiquement.

Non, je ne veux pas que vous m'aidiez!... Je veux seulement que vous ouvriez les yeux, et voyiez qu'il n'y a pas que moi de disposé à obéir au bill. (Montrant Cuddy, qui, pendant qu'Evan examine le palais de Withe-Hall, s'est arrêté au milieu de la place pour se reposer et qui se dispose à suivre son maître, — le deuxième Bourgeois saisit Cuddy et l'amène sur le devant du théâtre.) Que fait cet homme, s'il vous plaît? où va cet homme, s'il vous plaît?

PREMIER BOURGEOIS.

Comment diable voulez-vous que je le sache?

DEUXIÈME BOURGEOIS, furieux.

C'est faire preuve d'un bien étrange entêtement! (A Evan.) Monsieur, ce domestique est à vous, n'est-ce pas?

EVAN.

Auriez-vous dessein de me l'emprunter, monsieur?

DEUXIÈME BOURGEOIS.

Il ne chemine pas les bras ballants, comme quelqu'un qui se promène pour sa santé ou pour son plaisir, n'est-ce pas?

EVAN.

Monsieur, sa santé est excellente, et je n'ai jamais remarqué qu'il éprouvât le moindre plaisir à changer de place.

DEUXIÈME BOURGEOIS.

Eh bien, monsieur, faites donc comprendre à l'homme que voilà, — à cet obstiné, à cet aveugle, — que votre valet ne marche pas les mains vides, qu'il a quelque chose sur le dos, et que je ne suis pas seul à porter des paquets à Londres.

CUDDY, à part.

Voilà, à mon avis, une demande assez originale.

EVAN.

Monsieur, la démonstration que vous sollicitez de moi est si facile, que j'aurais mauvaise grâce à la refuser. — Cuddy, posez, le plus poliment possible, votre malle sur les épaules de monsieur (il désigne le premier Bourgeois), et priez-le de la porter jusqu'à l'endroit où nous allons.

DEUXIÈME BOURGEOIS.

C'est ça! jusqu'à l'hôtel de la Monnaie.

CUDDY.

Pardon, je ferai observer...

EVAN.

Cuddy, vous avez une mauvaise habitude, mon ami : c'est de toujours parler sans attendre que l'on vous interroge.

DEUXIÈME BOURGEOIS.

J'y vais aussi, moi, monsieur, et j'en suis fier.

EVAN.

Vous êtes fier d'y aller, vous! où ça?

DEUXIÈME BOURGEOIS.

A l'hôtel de la Monnaie. J'y vais aussi.

EVAN.

Vous aussi! C'est que je n'y vais pas, moi.

PREMIER BOURGEOIS.

Hein?

DEUXIÈME BOURGEOIS.

Comment?

EVAN.

Non; on m'a indiqué l'hôtel Worcester. Après cela, si vous croyez que l'on soit plus commodément à celui de la Monnaie, peu m'importe. Je n'ai pas de préférence pour celui-ci plutôt que pour celui-là.

CUDDY.

Ni moi non plus. Oh! mon Dieu! du moment que monsieur portera la malle, que ce soit un peu plus près, un peu plus loin...

(Il essaye de la repasser au premier Bourgeois.)

PREMIER BOURGEOIS.

Allez-vous me laisser en paix, vous!

DEUXIÈME BOURGEOIS.

Vous n'allez pas à la Monnaie! Et où allez-vous donc?

EVAN.

Je vous l'ai dit.

DEUXIÈME BOURGEOIS.

Vous n'êtes donc pas de Londres?

EVAN.

J'y viens pour la première fois.

DEUXIÈME BOURGEOIS.

Ce n'est donc pas votre argenterie qui est là dedans?

EVAN.

D'abord, mon argenterie, comme celle de tout franc Écossais des hautes terres, tiendrait à l'aise dans une des poches de mon pourpoint. Puis où avez-vous vu, je vous prie, que l'on emportât son argenterie en voyage?

PREMIER BOURGEOIS, raillant, au deuxième Bourgeois.

En voyage! vous entendez!

(Il pouffe malgré lui et rit.)

CUDDY, le voyant rire, et pouffant à son tour, en lui désignant le deuxième Bourgeois.

Il est très-bête, cet homme-là!

DEUXIÈME BOURGEOIS, à part.

J'enrage!

EVAN.

Oui, monsieur, je suis étranger.

CUDDY.

Nous sommes deux étranger.

EVAN.

Je ne connais âme qui vive dans cette ville, pas même l'unique personne à la bienveillance de laquelle je suis adressé et pour laquelle j'ai une lettre de recommandation. Or, comme ici tout est nouveau pour moi, tout nécessairement excite ma curiosité ou mon intérêt. C'est pourquoi je vous serai obligé de me dire quelle est la place où nous sommes.

PREMIER BOURGEOIS, au second.

Répondez donc!

DEUXIÈME BOURGEOIS.

La place de White-Hall.

EVAN.

Entends-tu, Cuddy? nous sommes sur la place de White-Hall. — Et pouvez-vous me dire, je vous prie, par laquelle de ces sept fenêtres est sorti le roi Hérode; car c'est ainsi que, nous autres covenantaires, nous désignons Charles Ier. Vous êtes covenantaire, je suppose?

DEUXIÈME BOURGEOIS.

Monsieur, je ne rends pas compte de mes opinions.

EVAN.

Vous faites bien; comme ça, on ne court pas risque d'être accusé d'en changer. Quant à moi, que l'on a envoyé à Londres pour servir la cause du parlement et tâcher de me pousser dans l'armée, je n'y mets pas tant de mystère, comme vous voyez. Nous disons donc qu'il y a sept fenêtres et que le roi Hérode est sorti...?

DEUXIÈME BOURGEOIS, avec humeur.

Par la troisième.

EVAN.

Tu as entendu, Cuddy, c'est par la troisième.

(Il remonte la scène et examine le palais.)

CUDDY, qui s'est assis sur la malle au milieu du théâtre.

Oui, Votre Honneur. (Se levant et allant au deuxième Bourgeois.) Et si monsieur, qui indique si bien, voulait prendre la peine de m'indiquer, à moi, l'hôtel Worcester..

DEUXIÈME BOURGEOIS.

Est-ce que je le connais! Allez au diable!

CUDDY, gracieusement.

Monsieur, mon maître ne me quitte jamais, et vous le logeriez à une fâcheuse enseigne. L'hôtel Worcester, s'il vous plaît?

DEUXIÈME BOURGEOIS, à lui-même.

Quelle patience! (Haut.) C'est à gauche!

CUDDY.

Et puis après?

DEUXIÈME BOURGEOIS.

A gauche.

CUDDY.

Et ensuite?

DEUXIÈME BOURGEOIS.

Ensuite? ensuite? Toujours à gauche.

CUDDY.

Merci.

PREMIER BOURGEOIS, à part, en ricanant.

Il en tombera malade.

CUDDY, allant prendre la malle et la valise.

C'est à gauche, Votre Honneur.

EVAN.

Quoi? qu'est-ce qui est à gauche?

CUDDY.

Notre hôtel.

EVAN.

Ah! très-bien! (Revenant au deuxième Bourgeois.) Monsieur, je suis charmé de vous avoir été bon à quelque chose, et je me félicite de vous avoir rencontré.

(Il salue et s'éloigne.)

CUDDY, saluant.

Moi pareillement. (Indiquant le premier Bourgeois.) Monsieur, là-bas, ne prend pas la malle? (A part, en sortant.) Il faut convenir que les gens de ce pays-ci sont de drôles de corps.

(Ils sortent par le deuxième plan à gauche.)

SCÈNE IV.

Premier Bourgeois, deuxième Bourgeois.

PREMIER BOURGEOIS.

Vous savez que vous ne leur indiquez pas du tout leur chemin, et qu'en tournant à gauche et toujours à gauche, ils vont tout à l'heure se retrouver ici.

DEUXIÈME BOURGEOIS.

Qu'est-ce que ça vous fait?

PREMIER BOURGEOIS.

Vous savez, de plus, qu'après cette école, chacun se moquerait de vous, si vous persistez dans votre dessein.

DEUXIÈME BOURGEOIS.

Qu'est-ce que ça vous fait?

PREMIER BOURGEOIS.

Et que l'on n'aurait pas tort de vous interdire.

DEUXIÈME BOURGEOIS.

Et s'il me plaît à moi d'être interdit! si cela m'arrange! Quelqu'un a-t-il le droit de se mêler de ce qui ne regarde que moi?

PREMIER BOURGEOIS.

Personne, mon cher voisin, personne assurément. Adieu, voisin! ne perdez pas de temps surtout... à cause de la foule.

(Il sort en riant par le troisième plan à gauche.)

SCÈNE V

Le deuxième Bourgeois, puis CUDDY et EVAN.

DEUXIÈME BOURGEOIS.

Les railleries de cet homme, loin de me décourager, me décident. Je vais à la monnaie... malgré la foule.

(Il va pour sortir et s'arrête indécis; on entend la voix de Cuddy : « A gauche, Votre Honneur ! » — Puis enfin il sort par le premier plan à droite.

EVAN, entrant par le premier plan, à gauche.

C'est étonnant comme ces places de Londres se ressemblent ! As-tu remarqué cela, Cuddy? Ce serait à jurer que cette place est la même que celle... Mais oui... voilà le palais de White-Hall... voilà la fenêtre... par laquelle... (Le deuxième Bourgeois rentre.) Voilà notre monsieur !

CUDDY.

C'est ma foi, vrai.

EVAN.

Imbécile!

DEUXIÈME BOURGEOIS, à lui-même.

Décidément, je rentre chez moi... j'ai peur de la foule. Qui saura si j'ai été ou si je n'ai pas été à la Monnaie ?

(Il se dirige vers sa maison.)

EVAN, l'arrêtant.

Monsieur...

DEUXIÈME BOURGEOIS, avec impatience.

Encore ces gens-là !

EVAN.

Vous avez eu l'obligeance d'indiquer à mon domestique...

DEUXIÈME BOURGEOIS, préoccupé, continuant à réfléchir.

Très-bien c'est entendu... A droite.

CUDDY.

Hein?

EVAN.

Vois-tu, maroufle!

CUDDY.

Mais je vous proteste...

EVAN, au Bourgeois.

Et ensuite?

DEUXIÈME BOURGEOIS.

Ensuite, quoi? A droite, monsieur, toujours à droite.

EVAN, à Cuddy.

Tu vois bien que tu avais compris tout de travers. (Au Bourgeois.) Monsieur, je me félicite d'avoir eu l'avantage de vous rencontrer une seconde fois.

(Il salue et s'éloigne.)

CUDDY, saluant aussi.

Moi de même : seulement, je ferai observer à monsieur qu'il m'avait dit à gauche... Monsieur s'était trompé... n'en parlons plus.

EVAN.

Viens-tu, bavard!

CUDDY.

Voilà, Votre Honneur. (S'adressant de loin au Bourgeois en sortant.) Je ne veux pas taquiner monsieur, mais je suis sûr qu'il m'avait dit à gauche.

(Il sort par le troisième plan à droite. — Le deuxième Bourgeois va de nouveau pour rentrer chez lui; à ce moment, on entend le Crieur relire le bill; quelques personnes le précèdent portant des paquets.)

DEUXIÈME BOURGEOIS, quand le Crieur a disparu.

Personne ne m'observe!

(Il s'avance vers sa maison et ouvre sa porte.)

PREMIER BOURGEOIS, reparaissant comme un homme qui semble resté aux aguets.

Ah! je vous y prends!

DEUXIÈME BOURGEOIS.

Que la peste l'étouffe!

PREMIER BOURGEOIS.

Donc, nous rentrons chez nous?

DEUXIÈME BOURGEOIS, au comble de la fureur.

Je rentre... je rentre!... Eh bien, oui, là! je rentre...

(Il referme brusquement sa porte.)

PREMIER BOURGEOIS.

Dites donc, voisin, ayez bien soin de mettre toutes choses en place.

(On entend grommeler le deuxième Bourgeois; le premier Bourgeois entre dans la maison.)

SCÈNE VI

EVAN, CUDDY, puis LE PREMIER BOURGEOIS.

CUDDY, dans la coulisse.

A droite, Votre Honneur!

EVAN.

Je ne sais si cela te produit le même effet qu'à moi, Cuddy, mais il me semble que je tourne sur moi-même comme une roue de moulin.

CUDDY.

Votre Honneur, c'est-à-dire que ça me prend au cœur. (Reconnaissant la place.) Ah!

EVAN.

Quoi?

CUDDY.

Mais regardez.

EVAN.

La même place!

(Le premier Bourgeois paraît; il est repoussé hors de la maison.)

CUDDY.

Avec son bourgeois obligé.

EVAN.

Comment! nous y sommes encores revenus?

CUDDY.

Ah! cette fois...

EVAN, furieux.

Est-ce que tu veux que je t'étrangle! (Allant au premier Bourgeois.) L'hôtel Worcester?

PREMIER BOURGEOIS.

Monsieur?

EVAN.

L'hôtel Worcester?

PREMIER BOURGEOIS.

Tout droit, monsieur.

CUDDY, à part.

Ça ne pouvait pas manquer.

EVAN.

Ah! tout droit? Savez-vous, monsieur, que je n'ai jamais prêté à rire à personne?

PREMIER BOURGEOIS.

Monsieur, je n'en doute pas.

EVAN, le secouant.

Savez-vous que je vous trouve le ton et l'allure d'un croquant?

PREMIER BOURGEOIS.

Plaît-il?

EVAN.

Savez-vous que je suis le fils de Donald le Noir?

PREMIER BOURGEOIS.

Eh! mordieu! monsieur, fussiez-vous le fils de Donald le Rouge, je ne saurais vous dire autre chose que ce qui est : toujours tout droit.

EVAN.

Ah! vous persistez? Pardieu! puisque vous me tombez sous la main, vous allez payer pour l'autre!

(Il le saisit.)

PREMIER BOURGEOIS.

Monsieur! monsieur!...

CUDDY.

C'est cela, Votre Honneur! Voulez-vous que je vous aide?...

(Il dépose à terre sa malle et sa valise.)

EVAN.

Ah! tout droit, insolent!... Ah! tout droit, drôle!...

(Le Bourgeois parvient à s'échapper et s'enfuit. Cuddy court après lui au moment où Edith entre vivement et prend le bras d'Evan.)

SCÈNE VII

EVAN, EDITH, voilée; puis CUDDY.

EDITH.

Monsieur, au nom du ciel! dites que je suis votre sœur, votre femme, votre cousine, tout ce que vous voudrez...

EVAN.

Madame!...

EDITH.

Vous êtes gentilhomme?

EVAN.

Comme le roi.

(Cuddy rentre et paraît stupéfait à la vue d'Edith.)

EDITH.

Monsieur, il n'y a qu'un manant qui refuse sa protection à une femme qui la lui demande.

EVAN.

Aussi, madame, êtes-vous, dès à présent, sous la garde de mon épée.

EDITH.

Oh! monsieur, ne vous en servez pas contre lui... Le voilà!

SCÈNE VIII

Les Mêmes, HAMILTON.

HAMILTON, entrant.

C'est bien sa taille, c'était sa démarche, mais il est impossible que ce soit elle!

EDITH, bas, à Evan.

Monsieur, il y a du plus grave intérêt que ce gentilhomme ne sache pas qui je suis.

EVAN.

Vous pouvez être tranquille: s'il le sait, ce ne sera pas par moi. (Il observe du coin de l'œil, et, voyant Hamilton, il tourne avec Edith, et va pour gagner le troisième plan à gauche. Hamilton les devance. — Évan s'arrête.) Pardon, monsieur; mais est-ce l'habitude, à Londres, d'examiner les gens comme vous le faites?

HAMILTON.

Je vous demande pardon à mon tour, monsieur, mais ce n'est pas vous que j'examine....

EVAN.

Qui donc alors?

HAMILTON.

C'est la personne que vous avez au bras.

EVAN.

En ce cas, monsieur, vous ne trouverez pas mauvais que je vous prie de l'examiner à distance.

(Ils font quelques pas.)

HAMILTON, les suivant.

Je suis vraiment désespéré de ne pouvoir faire selon votre désir.

EVAN.

Pourquoi cela?

HAMILTON.

Parce que j'ai la vu très-basse, et que, quand je tiens à reconnaître les gens, il faut que je les regarde de fort près.

EVAN.

Ce qui veut dire que vous désirez savoir qui est madame?

HAMILTON.

Je vous avoue que j'en meurs de curiosité.

EVAN.

Eh bien, madame est ma parente.

HAMILTON.

En êtes vous bien sûr?

EVAN.

Parfaitement sûr. Maintenant que vous savez ce que vous vouliez savoir, vous ne serez point étonné, je suppose, que je vous prie de passer votre chemin?

HAMILTON.

Non... mais vous trouverez tout naturel que je n'en fasse rien, n'est-ce pas?

EVAN.

Comment donc! vous êtes dans votre droit. Seulement, j'ai pour habitude, quand il m'arrive d'être suivi, de recourir à un expédient qui n'a jamais manqué de me réussir.

HAMILTON.

Lequel?

EVAN.

Je fais quelques pas dans la rue; je m'adresse à la personne que j'ai au bras, je la prie de prendre les devants...

EDITH.

Oh! merci! merci!...

(Elle sort par le premier plan à droite; Hamilton fait un mouvement; Evan le prévient; Cuddy, de même.)

SCÈNE IX

EVAN, HAMILTON, CUDDY.

ÉVAN.

Et, barrant la route à qui veut la suivre, je dis à ce cavalier, un peu désappointé peut-être : Mon gentilhomme, si vous avez besoin, soit d'un renseignement, soit d'une leçon, disposez de moi; je suis prêt à vous donner l'un ou l'autre.

HAMILTON, mettant l'épée à la main.

Parbleu! monsieur, c'est ce que je serais curieux de voir.

EVAN.

Ah! c'est pour la leçon que vous vous décidez?... Eh bien, ne bougez pas de l'endroit où vous êtes, et, dans cinq secondes, vous l'aurez reçue.

(Il tire son épée.)

CUDDY.

Quand Votre Honneur aura tué monsieur, irons-nous à l'hôtel?

EVAN.

Je te le promets, Cuddy.

(Le combat s'engage.)

CUDDY.

Alors, dépêchez-vous.

HAMILTON, tout en ferraillant.

Le moyen est ingénieux pour donner à la dame le temps de s'échapper.

EVAN.

N'est-ce pas?... Je suis bien aise qu'il soit de votre goût.

HAMILTON.

Vous savez que je la rattraperai?

EVAN.

Bah! elle est déjà bien loin, allez!

HAMILTON, lui portant une botte serrée.

Oui, mais en ne perdant pas de temps...

EVAN, parant.

Et en courant vite... vous auriez chance de la retrouver.

CUDDY, tout en disposant des bandes et des onguents.

Oh! je ne crois pas : elle se dépêche, elle n'aura pas pris à gauche comme nous.

EVAN.

C'est probable... (Faisant signe à son adversaire de s'arrêter.) Savez-vous, à propos de cela, que vos bourgeois de Londres sont très-impertinents envers les étrangers?

HAMILTON.

Est-ce que vous avez eu à vous en plaindre?

EVAN.

De vos bourgeois?... Beaucoup!... Figurez-vous qu'à peine débarqué...

HAMILTON.

N'oubliez pas que vous avez promis de me donner une leçon...

EVAN.

Soyez tranquille, ça va venir... (Le combat recommence.) Figurez-vous qu'étranger ici...

HAMILTON.

Eh bien, la leçon?...

EVAN.

Ah! la leçon, c'est juste...

HAMILTON.

Je l'attends!

EVAN.

La voilà!

HAMILTON.

Par ma foi! j'en tiens.

EVAN, abaissant son épée.

Où cela, monsieur?

HAMILTON.

Dans le bras.

EVAN, remettant son épée au fourreau.

Tant mieux! j'eusse été désespéré que ce fût dans le corps!

CUDDY.

Moi aussi... car, après tout, il n'y avait pas là de quoi amener mort d'homme...

EVAN.

Voulez-vous permettre, monsieur?

HAMILTON.

Quoi?

EVAN.

Laissez-moi vous panser, je vous prie, et, dans trois jours, il n'y paraîtra plus. Avez-vous tout apprêté, Cuddy?

CUDDY.

Oui, monsieur.

EVAN.

Venez çà, et appliquez cette compresse le plus doucement possible sur la blessure de monsieur. (Pendant que Cuddy applique la compresse.) C'est une recette de famille, un baume souverain pour les entailles. Enchanté de vous en faire part!

CUDDY, sur un cri d'Hamilton.

Ça vous cuira d'abord un peu ; mais, ensuite, il vous semblera avoir un velours sur la peau.

EVAN.

Cuddy, ramassez l'épée de monsieur, et remettez-la-lui au fourreau..

HAMILTON, souriant.

En vérité, monsieur, vous me surprenez, et vos façons d'agir sont d'une courtoisie qui n'est pas ordinaire.

EVAN.

Monsieur, j'espère m'y prendre mieux une autre fois ; mais c'est ma première affaire.

HAMILTON.

Je ne trouve pas que vous vous y soyez pris si maladroitement, et, quant à la manière dont vous réparez le mal que vous causez...

EVAN.

Je fais de mon mieux, monsieur. Là ! maintenant, mettez votre main dans votre pourpoint, et, s'il est possible, ne faites aucun mouvement de votre bras droit. (Saluant.) Monsieur !

CUDDY, présentant à Hamilton son chapeau et son manteau.

Monsieur !

HAMILTON.

Oh ! pardon !... un mot, je vous prie. Vous ne trouverez point étonnant, je l'espère, que je tienne à savoir quel est le galant gentilhomme auquel j'ai eu affaire. Quant à moi, monsieur, je ne suis pas tout à fait un inconnu, et il y a quelque mérite à m'avoir donné un coup d'épée : je me nomme George Hamilton.

EVAN, stupéfait.

Vous dites, monsieur ?

HAMILTON.

George Hamilton.

EVAN,

Comment ! le colonel George Hamilton ?

HAMILTON, répétant.

Le colonel George Hamilton de Prestonfield.

EVAN.

Ah ! monsieur, imaginez que j'ai justement une lettre de recommandation pour vous.

HAMILTON.

Pour moi ?

EVAN.

C'est-à-dire que c'est le hasard le plus étrange... la rencontre la plus singulière... Te serais-tu jamais attendu à cela, Cuddy ?

CUDDY.

Ah bien, oui ! jamais, Votre Honneur.

EVAN.

Dire que j'ai pour toute espérance, pour tout appui à Londres, le crédit et le bon vouloir d'un seul homme auquel je suis recommandé ; que cet homme, on a oublié de me donner son adresse ; que j'aurais pu le chercher pendant quinze jours, pendant un mois sans le découvrir, et que, à peine débarqué depuis une heure, avant même d'être installé dans un logis quelconque, je le trouve là devant moi.

CUDDY.

Et que vous lui donnez un coup d'épée... Vous avez une chance !

HAMILTON.

Et de qui cette lettre ?

EVAN.

De mon père, qui combattait côte à côte avec vous pour la bonne cause à Worcester.

HAMILTON.

Qui donc êtes-vous ?

EVAN.

Je suis le fils de Donald le Noir.

HAMILTON.

Eh bien, jeune homme, vous paraissez plus embarrassé que tout à l'heure ; croyez-vous que votre lettre sera moins bien accueillie en ce moment qu'elle ne l'eût été dans quinze jours, par exemple ?

EVAN.

Franchement, je le crains un peu.

HAMILTON.

Pourquoi ?

EVAN.

A cause de l'apostille que j'y ai mise.

HAMILTON.

Vous vous trompez, mon gentilhomme. Cette apostille n'a

rien que d'honorable pour vous. Et, puisque vous n'êtes encore installé nulle part, permettez-moi de vous choisir un logis.

EVAN.

Lequel?

HAMILTON.

Le mien.

EVAN.

Oh! non! oh! non! par exemple!

HAMILTON.

Prenez garde!... Il ne serait pas généreux de vouloir que je fusse en reste de courtoisie avec vous.

EVAN.

C'est très-gentil, ce que vous faites là. Vrai, la! c'est très-gentil.

HAMILTON.

Mon hôtel est à deux pas. Je vous montre le chemin.

EVAN.

Appuyez-vous sur mon bras, je vous prie.

HAMILTON, à Cuddy.

Suivez-nous, mon ami.

(Ils s'éloignent.)

CUDDY.

Avec plaisir, Votre Honneur, avec plaisir... (A part.) Une lettre de recommandation est rarement utile; mais elle peut le devenir quand elle est bien présentée.

ACTE TROISIÈME

Un appartement chez Hamilton. — Au fond, une porte conduisant dans l'intérieur de l'hôtel; dans l'angle à gauche, porte de chambre à coucher; du même côté, c'est-à-dire à la droite du spectateur, au premier plan, une armoire contenant de l'argenterie et des objets de curiosité. En face, de l'autre côté, porte de sortie.

—

SCÈNE PREMIÈRE

HAMILTON et EVAN sont en train de souper; CUDDY les sert, debout, la serviette sur le bras.

HAMILTON.

Ainsi, mon cher Evan, vous êtes venu à Londres pour y soutenir la bonne cause et vous opposer avec nous à toute tentative en faveur des Stuarts?

(Cuddy va pour enlever le poulet, Evan le rappelle.)

EVAN.

Uniquement dans ce but, mon cher hôte, et j'espère que vous me mettrez à même de vous prouver mon zèle.

HAMILTON.

Franchement, était-ce la peine de faire tant de façons, et ne vous trouvez-vous pas mieux ici que rue Milord-Protecteur, à l'hôtel Worcester?

EVAN.

Mieux, beaucoup mieux! Seulement, je vous cause un dérangement qui, je vous l'avoue, me fait honte.

HAMILTON.

Aucun, au contraire; et c'est ce qui doit m'ôter tout mérite à vos yeux. Cette partie de l'hôtel que je vous cède est complétement inhabitée depuis la mort de mon père, qui l'occupait pendant ses rares voyages à Londres. Elle a sortie sur la rue de Villiers, tandis que la partie que j'occupe, moi, a la sienne sur le Strand. Je suis chez moi; vous êtes chez vous. Cette porte donne sur un corridor qui met en communication les deux appartements. Vous désirez être seul, vous poussez les verrous de cette porte. Vous le voyez, rien de plus simple.

(Cuddy va pour enlever le poulet; impatience d'Evan.)

EVAN.

Oui, certainement, et, jusqu'ici, tout va à merveille de votre côté ; mais d'un autre...

HAMILTON.

D'un autre ?

EVAN.

Oui, de l'autre côté...

HAMILTON.

De quel côté voulez-vous dire ?

EVAN.

Madame ! hein ? du côté de madame ?

HAMILTON.

Je ne vous comprends pas.

EVAN.

Comment ! cette après-midi...

HAMILTON.

Eh bien ?

EVAN.

Sur la place de White-Hall...

HAMILTON.

Oui.

EVAN.

Enfin, nous sommes amis, n'est-ce pas ?

HAMILTON.

Et des meilleurs, je l'espère.

EVAN.

Cette femme si bien voilée que vous poursuiviez...

HAMILTON.

C'était votre parente.

EVAN.

Sans doute ; mais ça aurait pu être votre femme.

HAMILTON.

Je suis garçon, mon cher Evan.

EVAN.

Ah ! vous êtes garçon ?

HAMILTON.

Je n'ai jamais voulu me marier.

11.

EVAN.

Vous avez bien fait, mon hôte !... Cuddy !

(Cuddy verse à boire.)

HAMILTON.

Vous ne pouvez donc gêner ma femme. Ainsi, si vous vous trouvez bien chez moi...

(Cuddy emporte la bouteille.)

EVAN.

A merveille !

HAMILTON.

Que rien ne trouble votre tranquillité.

EVAN.

De sorte que cette dame ?... Oui, oui, oui, c'était tout simplement votre maîtresse ?

HAMILTON.

Mes principes, mon cher hôte, ne me permettent pas ces sortes d'écarts... Je n'ai pas plus de maîtresse que je n'ai de femme.

EVAN.

On n'a pas de femme, on n'a pas de maîtresse, soit ; mais on a une pupille. Les principes les plus sévères ne défendent pas d'avoir une pupille. Or, depuis que le monde est monde, il est reconnu que les pupilles fuient leurs tuteurs et que les tuteurs courent après leurs pupilles.

HAMILTON.

Mon cher Evan, j'ai le bonheur de ne point avoir un pareil souci. Je ne suis le tuteur de personne.

EVAN.

Vous pourriez, sans être le tuteur de quelqu'un, avoir une sœur plus jeune que vous, laquelle, n'étant pas mariée, se crût, comme c'est la coutume en Angleterre, le droit de jouir d'une certaine liberté.

HAMILTON.

J'ai une sœur, en effet.

EVAN.

Voyez-vous !

HAMILTON.

Mais elle est à cent lieues d'ici.

EVAN.

A cent lieues !

HAMILTON.

Oui.

EVAN.

C'est très-loin.

HAMILTON.

Vous voyez donc que vous ne gênez ni ma femme, ni ma maîtresse, ni ma pupille, ni ma sœur.

(Il se lève.)

EVAN, se levant aussi.

De sorte que, franchement, mon cher hôte, si je trouvais la belle inconnue qui s'est attachée à mon bras...?

(Cuddy débarrasse la table et remet un couvert nouveau.)

HAMILTON.

Mais vous disiez que c'était votre parente ?

EVAN.

Sans doute ; mais, enfin, si je la retrouvais, il ne vous désobligerait aucunement...?

HAMILTON.

Achevez.

EVAN.

Que je m'informasse d'elle-même si elle a un frère, un tuteur, un amant, un mari, comme je me suis informé de vous si vous aviez une femme, une maîtresse, une pupille ou une sœur ?

HAMILTON.

Aucunement, je vous jure.

EVAN.

Donc, liberté entière ?

HAMILTON.

Liberté entière !

EVAN.

Vous me quittez ?

HAMILTON, prenant le bras d'Evan.

Mon cher hôte, vous tombez à Londres au milieu de graves événements. Ces événements, j'y suis mêlé d'une façon active. Le général Lambert seul représente notre vieux parti presbytérien pur. Le général Monk est douteux. On parle d'une tentative du roi Charles.

EVAN.

Vous croyez qu'après son échauffourée de Worcester....?

HAMILTON.

Les insensés osent tout, mon cher hôte; c'est pour cela qu'ils réussissent quelquefois. En tout cas, comme votre nom l'indique...

EVAN.

Et comme la lettre de mon père a dû vous le dire...

HAMILTON.

Vous appartenez au parti des saints.

EVAN.

Peut-être pas des saints... tout à fait.

HAMILTON.

Cependant, dans une circonstance grave, on pourrait compter sur vous?

EVAN.

A la vie, à la mort!

HAMILTON.

Eh bien, donc, bonne nuit! Je vous laisse... Je dois avoir chez moi des amis qui m'attendent. Puis, ce soir, à neuf heures, j'ai rendez-vous à la Tour, avec le général Lambert justement. Votre désir est bien de prendre du service dans son armée?

EVAN.

Je ne suis venu à Londres que pour cela.

HAMILTON.

Je lui parlerai de vous.

EVAN.

Merci, cent fois merci!

HAMILTON.

Donc, résumons-nous. Voici votre entrée et votre sortie. (Il montre la porte de gauche.) Entrée et sortie réservées à vous seul, dont vous seul avez la clef.

EVAN.

Bien.

HAMILTON, lui montrant la porte dans l'angle à gauche.

Voici votre chambre à coucher. Votre domestique a là-bas une espèce de petit cabinet. (Indiquant la porte du fond.) Enfin, voici le passage qui conduit chez moi. A quelque heure du jour ou de la nuit que ce soit, si vous avez besoin de me parler, ne vous gênez aucunement.

EVAN.

Merci, merci, merci !

(Hamilton sort. Evan le reconduit et se tient au fond. Cuddy retourne la table et la contemple avec convoitise.)

SCÈNE II

EVAN, CUDDY.

EVAN.

Eh bien Cuddy, que dis-tu de lord Hamilton ?

CUDDY, s'occupant à enlever la vaisselle qui a servi, et remettant une assiette propre.

Je dis que c'est un gentilhomme parfait, Votre Honneur !

EVAN.

Oui... Je le soupçonne bien toujours de n'avoir pas été très-franc avec moi, au sujet de la dame de tantôt ; mais, n'importe, j'aime cette façon de vous recevoir chez soi en vous laissant toute liberté. Mon manteau, Cuddy !

CUDDY.

Vous sortez, Votre Honneur ?

EVAN.

Ma foi, oui !... Nous ne sommes qu'à cent pas de White Hall ; j'y retourne.

CUDDY.

Vous croyez que vous la retrouverez ?

EVAN.

Qui cela ?

CUDDY, tirant de sa malle le manteau d'Evan et laissant la malle ouverte.

La jeune dame, pardieu ! Il n'est pas difficile de deviner ce que vous allez chercher sur votre place de White-Hall.

EVAN.

Je t'avoue, Cuddy, que je ne serais pas fâché de la revoir.

CUDDY.

De la voir, voulez-vous dire ?

EVAN.

En effet, elle était si bien voilée... N'importe, elle doit être jolie.

CUDDY.

Pourquoi jolie ?

EVAN.

Parce qu'en général, mon cher Cuddy, on ne court pas après les laides ! Mon manteau !

CUDDY.

Il y a du vrai là dedans, Votre Honneur, et, comme, au bout du compte, vous avez, sans la connaître, sans savoir si elle avait tort ou raison, exposé votre vie pour elle, il faudrait qu'elle fût bien ingrate... Cependant, peut-être vaudrait-il mieux que vous eussiez reçu le coup d'épée.

EVAN.

Ce serait plus intéressant, en effet ; mais, enfin, c'est bien aussi un mérite que de l'avoir donné.

CUDDY.

Et quelle chance de l'avoir donné à un homme qui en est si reconnaissant ! Tout autre se serait fâché, savez-vous ! Pour moi, je sais que, quand je reçois un coup de poing...

EVAN.

Toi, Cuddy, tu n'es pas un gentilhomme.

CUDDY.

C'est vrai, monsieur, quoique ma mère m'ait toujours dit que ma grand'mère...

EVAN, l'interrompant.

Allons, viens.

CUDDY.

Comment, que je vienne ?...

EVAN.

Oui... Tu le vois bien... Je suis prêt. Sortons.

CUDDY.

Je ferai observer très-humblement à Votre Honneur qu'il soupé, et même très-bien soupé.

EVAN.

C'est vrai ; j'avais grand appétit.

CUDDY.

Rien d'étonnant à cela : vous n'aviez rien pris depuis ce matin... Mais, moi, pendant que Votre Honneur soupait, je le servais... de sorte que, si Votre Honneur est rassasié, moi, j'ai toujours faim.

EVAN.

C'est vrai, mon pauvre Cuddy, je l'avais oublié.

CUDDY.

Alors, monsieur, vous êtes amoureux.

EVAN.

Comment cela ?

CUDDY.

Le premier signe d'amour, c'est la perte de la mémoire.

EVAN, à lui-même.

En effet, mieux vaut peut-être que je sorte seul.

CUDDY.

Oui, Votre Honneur, cela vaut beaucoup mieux.

EVAN.

Seulement, attends-moi.

CUDDY.

Comment attendrai-je monsieur? debout ou couché?

EVAN.

Debout, paresseux ! J'aurai probablement des ordres à vous donner à mon retour.

CUDDY.

C'est très-bien. Je m'occuperai à ranger les effets de Votre Honneur.

EVAN.

Range, Cuddy, range.

CUDDY, reconduisant Evan.

Votre Honneur a la clef ?

EVAN.

Oui.

CUDDY.

Que Votre Honneur ne s'expose pas surtout !

EVAN.

Tu vois que, quand je m'expose, cela ne nous réussit pas mal.

CUDDY.

Ma foi, non.

EVAN.

Au revoir, Cuddy.

CUDDY.

Bonne chance, Votre Honneur !

(Evan sort par la porte au premier plan, à gauche.)

SCÈNE III

CUDDY, seul.

Ah! il manque une chose dans cette maison : c'est un domestique pour servir les domestiques... (Il s'assied.) Enfin, on ne peut pas tout avoir. Je me servirai moi-même. (Il déplie sa serviette. — Regardant le plat.) Est-il possible de déguiser les œuvres du bon Dieu de cette façon!... Je trouve énormément agaçant de manger sans savoir ce que l'on mange; pourvu que ce ne soit pas quelque viande défendue par les règles de notre sainte Église presbytérienne! quelque mets de cavalier! Oh! il n'y a pas de danger!... lord Hamilton est un pur. C'est bon, au reste, il n'y a rien à dire. (Se versant à boire.) A la bonne heure, voilà ce que l'on ne peut déguiser... (Buvant.) O vin de France, je te reconnais, quoique nous ayons rarement fraternisé l'un avec l'autre... Quel malheur que la dame inconnue n'ait pas eu une suivante qui soit venue me dire : « Beau serviteur, protége-moi. » Heu! peut-être, à cette heure, serais-je occupé de chercher la suivante, comme mon maître cherche la maîtresse. Je ne crois pas cependant... Les probabilités sont que je serais à table comme j'y suis en ce moment. Oui, mais je me dirais ce que se dit mon maître : « Elle est jolie, probablement... » J'aurais des regrets, et cela troublerait mon repas, tandis que je n'ai aucun regret et que je soupe tranquillement... Cuddy! (Il prend la bouteille.) Mon cher Cuddy, t'offrirai-je encore un petit verre de ce vin de liqueur?... Oui, volontiers! Mais pourquoi un petit verre? L'étrange manie que l'on a, je vous le demande un peu, de boire le mauvais vin dans de grands verres, et le bon dans des petits... Réformons cela. (Il se verse du vin dans un grand verre et se lève.) Ma foi! moi aussi, j'ai bien soupé. Son Honneur m'a dit de l'attendre debout; or, comme je suis si fatigué que je dors tout debout, autant vaut que je me couche. Faisons notre choix, les siéges ne manquent pas; j'opte pour ce grand fauteuil, qui me paraît tout disposé à me seconder dans mon projet. Mais, la nuit, j'ai des défaillances; mettons cette moitié de poulet et le reste de cette bouteille de vin de France à la portée de la main. Dans ma jeunesse, ma mère me disait toujours que j'étais somnambule et que je me relevais la nuit pour manger... Je le lui laissais croire... Ah! ah! on est mieux ici que sur la place de White-Hall. Si je tirais les rideaux ! (Il détache un rideau qui le cache au public. — Il n'y a que sa main qui passe et qui tient la bouteille placée sur la table.) Et Son Honneur... (s'endormant) a eu une heureuse idée de donner un coup d'épée... à lord... Hamilton.

SCÈNE IV

EDITH, puis NANCY.

L'armoire placée au premier plan à droite tourne sur elle-même et donne passage aux deux femmes. Edith s'avance la première, timidement, sur la pointe du pied.

NANCY, la suivant, mais s'arrêtant à la porte.

Vous êtes sûre qu'il est sorti, mademoiselle?

EDITH.

Oui.

NANCY.

Bien sûre?

EDITH.

Je l'ai vu de mes yeux remontant la rue de Villiers et s'acheminant vers le Strand. A tout hasard, je vais fermer cette porte, et toi, ferme celle qui communique à l'appartement de mon frère. (Après que Nancy a été fermer la porte, Edith descend un peu en scène.) Tu me dis qu'ils se sont battus, il y a une heure, sur la place de White-Hall?

NANCY.

Oui, mademoiselle.

EDITH.

Mais, alors, comment mon frère rentre-t-il chez lui au bras de l'homme qui l'a blessé?

NANCY, apercevant la malle et la valise.

Ah! mademoiselle!... Mais, dites donc, voici quelque chose qui va bien nous gêner, il me semble.

EDITH.

Quoi?

NANCY.

Cette chambre n'était-elle pas le passage par lequel Sa Majesté devait fuir en cas d'alerte?

EDITH.

Oui; après?

NANCY.

Eh bien, mais c'est qu'ils y sont installés.

EDITH.

Où?

NANCY.

Dans cette chambre. Voici la malle du maître et très-probablement la valise du domestique.

EDITH.

Mon Dieu! que dis-tu là?

NANCY.

Voyez plutôt.

EDITH.

Voilà qui se complique de plus en plus.

NANCY.

Qu'en dites-vous?

EDITH.

Je dis que, si, par bonheur, ce jeune homme appartenait à la bonne cause, il n'y aurait que demi-mal; mais ce n'est pas probable. Un royaliste ne serait pas si bon ami de mon frère.

NANCY.

Il y aurait encore quelque chose de pis que de le trouver royaliste.

EDITH.

Qu'y aurait-il de pis?

NANCY.

Ce serait de le trouver amoureux.

EDITH.

Eh bien, après?

NANCY.

Oh! c'est que, s'il ne l'était pas, et que mademoiselle voulût se donner la peine de lui faire tourner la tête...

EDITH.

Taisez-vous!

NANCY.

Pardon, mademoiselle.

EDITH.

Comment voulez-vous qu'un jeune homme de cet âge-là ait le cœur libre?

NANCY.
Mademoiselle l'a bien.

EDITH.
Je suis une femme, moi.

NANCY.
Ce n'est pas une raison.

EDITH.
Je voudrais seulement savoir qui il est... et quant à l'état de son cœur...

NANCY.
Eh bien?

EDITH.
Cela ne me regarde pas.

NANCY, après avoir regardé la malle.
Vous voudriez savoir qui il est?

EDITH.
Oui.

NANCY, poussant la malle du pied.
C'est bien facile, ce me semble.

EDITH.
Comment t'y prendrais-tu? Voyons.

NANCY.
Voici sa malle. Il serait bien extraordinaire qu'elle ne contînt pas quelque papier, quelque lettre, quelque renseignement, à l'aide duquel on puisse arriver à connaître sa famille.

EDITH.
Vous voulez que je force une serrure? Vous êtes folle, ma chère.

NANCY.
Rien à forcer du tout, mademoiselle: la malle est ouverte.

EDITH.
Ah! elle est ouverte?

NANCY.
Tenez, voyez plutôt.

EDITH.
Tu veux, Nancy, que je commette une pareille indiscrétion?

NANCY.
Dame, la gravité des circonstances excuse bien votre curiosité.

EDITH.

Il est vrai que les circonstances sont graves.

NANCY.

Mais songez donc, mademoiselle, qu'il s'agit tout simplement du salut du roi et du bonheur de l'Angleterre.

EDITH.

Je crois que tu as raison, Nancy; et devant de pareils intérêts...

(Elles portent la malle sur une chaise à gauche.)

NANCY.

Il n'y a pas d'indiscrétion possible... Je vous demande un peu si l'on peut comparer un méchant Écossais...

EDITH.

Il a fort bon air, Nancy, je t'assure.

NANCY.

Je crois bien : ils se figurent tous qu'ils descendent de Robert Bruce!

(Elle va à la valise de Cuddy.)

EDITH.

Sans compter qu'il est brave. Un homme qui s'est battu avec le colonel Hamilton, et qui l'a blessé!

NANCY.

Voyez, sans perdre de temps; voyez, mademoiselle, voilà la nuit qui vient.

(Elle ouvre la valise de Cuddy.)

EDITH.

Mais que fais-tu, toi?

NANCY.

Je regarde, de mon côté, dans le portemanteau du valet, si je ne trouve rien qui puisse nous guider dans nos recherches.

EDITH.

Je ne vois jusqu'à présent que des habits. Ah!... un paquet de lettres.

(En plongeant la main vivement dans la malle, elle fait tomber les habits à terre.)

NANCY.

Voilà votre affaire.

EDITH.

Je n'ose.

NANCY.

Lisez, lisez!

EDITH.

Trouves-tu quelque chose, toi?

NANCY.

Ma foi! non... Des guenilles, un vieux plaid, une jaquette.

EDITH, émue.

Ces lettres sont d'une écriture de femme, Nancy.

NANCY.

La correspondance de quelque cousine.

EDITH.

A moins que, comme moi, cette femme ne conspire, Nancy.

NANCY.

Oh! vous avez raison; il faut les ouvrir, et à l'instant même.

EDITH.

Comment! toutes?

NANCY.

Oh! non, une seule suffira... Ah! mon Dieu! mon Dieu! un dirk, une vieille cornemuse... Ah!

(Elle trouve une bourse.)

EDITH.

Quoi?

NANCY.

Rien.

EDITH.

Eh bien, j'ai... j'ai ouvert la lettre... Mais...

NANCY.

Mais?

EDITH.

Je ne sais comment cela se fait, je n'ose pas la lire.

NANCY, s'approchant.

Ah! mon Dieu! mademoiselle, comme votre cœur bat!

EDITH.

Tu es folle!

NANCY.

Je l'entends d'ici.

EDITH, lisant.

« Mon cher fils... » Ah! c'était de sa mère.

NANCY.

Bon jeune homme!

EDITH.

Et moi qui pensais...

NANCY.

Voyez combien les jugements portés d'avance sont pleins de témérité. Pauvre garçon, quand on pense que vous le soupçonniez!...

EDITH.

Tandis qu'il était innocent.

NANCY.

Comme l'enfant qui vient de naître.

EDITH.

Que tiens-tu donc là?

NANCY.

Ah! oui, à propos, la bourse du laquais. Vraie bourse d'Écossais, voyez: percée à jour.

EDITH.

Elle renferme quelque chose, cependant?

NANCY.

Une médaille de saint Dunstan... On dit que c'est un saint fort miraculeux pour donner de bons maris aux filles. Je prends la médaille.

EDITH, prenant la bourse d'Evan.

Celle du maître est un peu mieux garnie... Pauvre garçon! j'ai bien envie... (Tirant une bague de son doigt.) En reconnaissance du service qu'il m'a rendu...

NANCY.

Mademoiselle!

EDITH.

Quoi?

NANCY.

Il me semble avoir entendu...

EDITH.

Ah! mon Dieu!

NANCY, s'avançant sur la pointe du pied du côté du fauteuil, apercevant Coddy.

Là... là, près de nous... son laquais qui dort.

EDITH.

Es-tu bien sûre au moins qu'il dorme?

NANCY, l'attirant à elle.

Voyez plutôt.

EDITH, écoutant.

Silence!

NANCY.

Autre chose encore ?

EDITH.

Des pas dans l'antichambre... On s'approche de la porte... on essaye de l'ouvrir... C'est lui !

NANCY.

Sauvons-nous, mademoiselle ! sauvons-nous !

(Elles s'échappent par la porte secrète ; la porte se referme sur elles, et l'armoire reprend sa place. — Il fait nuit sur le théâtre.)

SCÈNE V

CUDDY, endormi ; EVAN, à la porte.

EVAN, frappant.

Cuddy ! Cuddy !

CUDDY, à moitié endormi.

Entrez.

EVAN.

Entrer !... Imbécile ! comment veux-tu que j'entre, puisque tu t'es enfermé en dedans ?

CUDDY se lève en trébuchant ; il tient à la main une cuisse de poulet.

Moi, Votre Honneur, je me suis enfermé en dedans ? Si je suis enfermé, c'est de votre fait et non du mien.

EVAN.

N'importe ! ouvre toujours, drôle !

CUDDY, ouvrant la porte.

C'est étonnant, monsieur : les verrous sont poussés. C'est probablement une façon qu'ont les serruriers d'Angleterre, de fermer les portes en dedans, en même temps qu'en dehors.

SCÈNE VI

CUDDY, EVAN.

EVAN.

Que faisais-tu pour avoir été si longtemps à m'ouvrir ?

CUDDY, à part.

Ah ! ah ! il est de mauvaise humeur. (Haut.) Ce que je faisais, Votre Honneur ?

EVAN.

Oui, je te le demande.

CUDDY.

Je rangeais vos hardes.

EVAN.

Sans lumière ? Elles doivent être bien rangées ! Va allumer les bougies dans l'antichambre et reviens vite ; je veux me coucher.

CUDDY, à part.

Il paraît qu'il n'a pas rencontré la dame.

(Il sort par la première porte, à gauche.)

EVAN.

Que diable se passe-t-il dans Londres ? Je n'ai jamais entendu tant de cris. Les uns crient : « Vive M. Lambert ! » les autres : « Vive M. Monk ! » Les trois quarts des maisons sont illuminées. (S'embarrassant les pieds dans quelque chose.) Bon ! qu'y a-t-il donc sur le parquet, et dans quoi est-ce que je marche ?

CUDDY, entrant avec une bougie qu'il pose sur la table.

Par ma foi ! Votre Honneur, dans vos canons de velours d'Utrecht... Pouvez-vous traiter ainsi votre plus bel habit ?

EVAN.

Qui donc a jeté ainsi toutes mes hardes sur le plancher ?

CUDDY.

Ah ! monsieur ! et les miennes, donc !

EVAN.

Comment ! c'est ainsi que tu rangeais mes habits, maroufle ?

CUDDY.

Eh bien, non, monsieur, je ne les rangeais pas ; mais je proteste devant Votre Honneur que je ne les dérangeais pas non plus. Je dois même vous avouer une chose : c'est que j'étais si fatigué, que je dormais.

EVAN.

Oui, et, pendant ton sommeil, il sera entré quelque hardi voleur !

CUDDY.

Comment serait-il entré, puisque la porte était fermée ?

EVAN.

De ce côté, oui ; mais de celui-là ?

(Il montre la porte de communication.)

CUDDY, allant à la porte du fond.

Fermée aussi, Votre Honneur ; il y a magie !

EVAN.

Imbécile !

CUDDY.

Oui, monsieur, je le répète, il y a magie. D'abord, il n'est pas naturel qu'un homme à qui vous donnez un si rude coup d'épée devienne tout à coup votre ami ; il n'est pas naturel qu'au lieu de vous conduire chez le juge, il vous amène dans son hôtel, qu'il vous y fasse servir un excellent souper ; il n'est pas naturel que, pendant que je dors, des portes que j'ai laissées ouvertes se ferment d'elles-mêmes en dedans ; il n'est pas naturel que des objets qui sont dans une malle et dans une valise, se répandent sur le parquet. Votre Honneur n'est point sans savoir qu'il existe des lutins : nous en avons un à Inverlochi, Votre Honneur se le rappelle bien, qui entre toutes les nuits dans l'écurie, qui mêle le crin des chevaux, qui les fait galoper jusqu'au jour ; de sorte qu'on les retrouve blancs d'écume et fourbus des quatre membres, sans que l'on se soit aperçu qu'ils aient quitté le râtelier.

EVAN.

Tu es fou, Cuddy !

CUDDY.

Dame, à moins que, comme le disait ma mère, je ne sois somnambule, et que, pendant mon sommeil, je ne me sois rélevé pour ranger vos effets et les miens... Ah ! Votre Honneur !

(Il secoue sa bourse vide.)

EVAN.

Qu'y a-t-il encore ?

CUDDY.

Il y a, monsieur, que le lutin m'a volé.

EVAN.

Quoi ?

CUDDY.

Un objet de la plus grande valeur, qui était dans ma bourse. Voyez la vôtre, Votre Honneur, voyez vite !

EVAN, poussant un cri d'étonnement.

Ah !

CUDDY.

Vous aussi ?

EVAN.

Non, au contraire.

CUDDY.

Comment! au contraire?

EVAN.

Oui. Outre mon argent, auquel on n'a point touché, je trouve dans ma bourse une bague qui n'y était pas.

CUDDY.

Votre Honneur, il y en a deux!

EVAN.

Deux quoi?

CUDDY.

Deux lutins : un qui en remet, et l'autre qui en retire.

EVAN, tout à coup.

Cette bague...

CUDDY.

Eh bien?

EVAN.

Je la connais.

CUDDY.

Bah!

EVAN.

Je l'ai vue à la main de la femme pour laquelle je me suis battu; au moment où elle passait son bras sous le mien.

CUDDY.

Monsieur, comment voulez-vous que cette femme, qui se sauvait de lord Hamilton comme du diable, vienne vous retrouver justement chez lui? Impossible! à moins que...

EVAN.

A moins que?...

CUDDY.

Ah! Votre Honneur, c'est bien pis, alors!

EVAN.

Pis que quoi?

CUDDY.

Pis qu'un lutin.

EVAN.

Qu'est-ce donc?

CUDDY.

C'est une fée!... Vous vous rappelez la dame de Lochiel, qui attirait les voyageurs en chantant sur le haut de la falaise, et qui les précipitait dans le torrent?... (Se cramponnant à la table.) Nous sommes attirés, Votre Honneur! nous sommes attirés!

EVAN.

Tais-toi!

CUDDY.

Vous avez entendu quelque chose?

EVAN.

Quelqu'un vient par le corridor; c'est sans doute notre hôte. Ramasse mes effets, et porte tout ça par là.

CUDDY.

Monsieur, à votre place, je dirais tout à lord Hamilton, et, si c'est un chrétien...

EVAN.

Je te dis de te taire!

(Cuddy sort quelques instants après l'arrivée d'Hamilton.)

SCÈNE VII

EVAN, HAMILTON.

HAMILTON.

Pardon de vous déranger à pareille heure, mon jeune ami; mais une circonstance des plus graves m'amène chez vous.

EVAN, sous l'empire d'une seule préoccupation.

A toute heure du jour comme de la nuit, vous êtes le bienvenu, milord.

HAMILTON.

J'ai lu la lettre de votre père... Il vous présente à moi comme un homme dévoué au parti du parlement.

EVAN, toujours préoccupé.

Du parlement?... Oui, oui, oui!... Certainement que je lui suis dévoué, au parlement...

HAMILTON.

Il me dit que vous êtes prêt à combattre pour la cause des saints, que représente le général Lambert.

EVAN.

Pour la cause des saints, tout prêt!

HAMILTON.

Et, au besoin, à vous faire tuer pour elle?

EVAN.

J'aimerais autant que la chose n'allât pas si loin ; mais, enfin, si mon père a engagé ma parole...

HAMILTON.

Non-seulement votre parole, mais encore la sienne.

EVAN.

La sienne aussi? En ce cas, lorsque le moment sera venu, milord...

HAMILTON.

Il est venu!

EVAN, préoccupé.

Il est venu?... Je ne sais pas pourquoi je m'obstine à croire que vous êtes marié, milord!

HAMILTON.

Marié ou garçon, Evan, il ne s'agit pas de moi.

EVAN.

De quoi s'agit-il donc?

HAMILTON.

Il s'agit du salut de l'Angleterre. Sachez qu'un complot terrible se trame à cette heure.

EVAN.

Ah bah!

HAMILTON.

Un complot qui nous échappe encore, mais dont nous sommes en train de réunir tous les fils.

EVAN, préoccupé.

C'est que, si vous étiez marié, tout s'expliquerait.

HAMILTON.

Comment, tout s'expliquerait?

EVAN.

Je m'entends... Vous disiez donc?

HAMILTON.

Je disais qu'un coup d'une audace inouïe venait d'être exécuté.

EVAN.

Bah! lequel?

HAMILTON.

Le major Ingolsby, un renégat, un traître, vient, avec cinquante hommes, de s'emparer de la Tour et d'y enfermer le général Lambert.

EVAN.

Comment! le général Lambert?...

HAMILTON.

Prisonnier, mon cher hôte! prisonnier! Maintenant, d'où vient le coup? Vient-il de Monk ou vient-il du roi Charles? vient-il de tous deux?... Mais vous ne m'écoutez pas!

EVAN.

Si fait, je vous écoute. (Répétant la phrase.) Vient-il de Monk ou vient-il du roi Charles? vient-il de tous deux?... Ainsi, parole d'honneur! vous n'êtes pas marié?

HAMILTON.

Jeune homme, jeune homme! le moment est mal choisi pour plaisanter!

EVAN.

Aussi, je vous jure que je ne plaisante pas le moins du monde.

HAMILTON.

Alors, si vous ne plaisantez pas, suivez-nous.

EVAN.

Où cela?

HAMILTON.

Il s'agit de réunir les soldats du parlement, épars dans les différents quartiers de Londres, de délivrer le général Lambert, de le remettre à leur tête, et de faire face au complot, quel qu'il soit.

EVAN.

Faisons-lui face, je ne demande pas mieux.

HAMILTON.

Alors, prenez votre épée et suivez-moi.

EVAN.

Cuddy, mon épée!

CUDDY, entrant.

Vous me laissez seul ici, Votre Honneur?

EVAN.

Non, tu viens avec moi. Prends ta claymore.

CUDDY.

Merci, Votre Honneur; combattre des hommes tant que vous voudrez, mais des esprits, des lutins, des fées... non!

HAMILTON.

Que dit donc votre laquais?

12.

EVAN.

Rien ; seulement, il était convaincu comme moi que Votre Honneur était... Mais cela vous contrarie quand on vous en parle ; n'en parlons donc plus, et cependant...

HAMILTON.

Venez-vous ?

EVAN, cherchant des yeux.

Je ne vous demande que le temps d'écrire une ligne.

HAMILTON.

Vous avez tout ce que vous cherchez sur cette table : encre, plume et papier.

EVAN.

Merci.

(Il va à la table.)

HAMILTON.

Le rendez-vous est au bout de la rue de Villiers, dans le Strand ; nous avons là deux cents hommes résolus : c'est tout ce qu'il faut.

EVAN.

C'est plus qu'il ne faut.

HAMILTON.

Je vous annonce à eux.

EVAN.

Annoncez-moi.

HAMILTON.

Mais prenez garde, si vous tardiez de dix minutes seulement, de nous trouver partis.

EVAN.

Je vous rejoins dans cinq minutes.

SCÈNE VIII

Les Mêmes, un Domestique, entrant vivement par la porte du fond.

LE DOMESTIQUE.

Milord...

HAMILTON.

Qu'y a-t-il ?

LE DOMESTIQUE, lui présentant une lettre.

Lisez.

EVAN.

Puisqu'elle vient ici pendant que je n'y suis pas, elle trouvera cette lettre.

HAMILTON, après avoir lu.

Il est là ?

LE DOMESTIQUE.

Oui, milord.

HAMILTON.

Pas une minute à perdre. Le rendez-vous n'est plus dans le Strand, il est au pont de Londres. (Au Domestique.) Viens, viens ! (A Evan.) Vous entendez ?

(Il se tient au fond avec l'Officier qui a apporté la lettre.)

EVAN, tout en écrivant.

J'entends. (Répétant ce qu'il écrit.) « Esprit, ange, lutin, fée ou démon, je vous aime ; apparaissez-moi, faites-vous connaître, afin que je tombe à vos pieds et que je vous adore. »

HAMILTON, au fond.

Eh bien, Evan ?

EVAN.

Voilà !... Viens, Cuddy, viens !

CUDDY.

Moi ? J'attends monsieur.

(Ils sortent ensemble par la porte du fond.)

SCÈNE IX

EDITH, seule, poussant doucement la porte secrète.

Il a écrit... (Elle remonte à la porte du fond et écoute.) Bien ! j'entends la porte qui se referme. Les voilà sortis, et probablement pour toute la nuit. (Elle descend et va à la table.) Voyons un peu ce qu'il écrivait et à qui il écrivait... Ah ! c'était à moi. Je puis lire sans indiscrétion. (Elle lit.) « Esprit, ange, lutin, fée ou démon, je vous aime ; apparaissez-moi, faites-vous connaître, pour que je tombe à vos pieds et que je vous adore. EVAN. » (Silence.) Ah ! voilà qui mérite une réponse. (Elle s'assied à la même table et écrit au bas du billet.) « Ne demandez pas que je me fasse connaître, ne demandez pas que je me révèle à vous, jusqu'à ce que l'occasion se soit présentée de me faire savoir jusqu'où peut aller votre dévouement... » (La porte du fond se rouvre sans bruit; Evan reparaît, voit Edith assise et s'approche doucement.) « Vous êtes venu à Londres pour y chercher la gloire et la fortune; je puis vous donner tout cela. »

SCÈNE X

EDITH, EVAN, à deux pas derrière elle; puis CUDDY.

EVAN, lui retirant la lettre.

Merci !

EDITH, jetant un cri.

Ah !

(Elle souffle la bougie. — Obscurité complète.)

EVAN, s'élançant à la porte du fond.

Oh ! peu m'importe... Cette fois, vous êtes bel et bien ma prisonnière, allez... Cuddy ! Cuddy !

CUDDY, paraissant à la porte du fond.

Votre Honneur ?

EVAN.

Garde la porte ! je tiens notre lutin.

CUDDY.

Oh ! monsieur, ne le lâchez pas !

(Edith cherche à tâtons le ressort, le trouve et sort par la porte secrète, qu'elle referme sur elle.)

EVAN.

Et toi, ne le laisse pas passer.

CUDDY.

Soyez tranquille, s'il se présente, je le coupe en deux avec ma claymore.

EVAN, cherchant Edith et ne la trouvant plus.

Partie !... évanouie !... De la lumière, Cuddy ! (Cuddy sort. Oh ! je ne me trompe pas... J'ai entendu de ce côté... Ah ! vous avez passé à travers la muraille, mon beau lutin ; mais, dussé-je y passer à mon tour, je vous suivrai. J'ai entendu souvent parler de portes secrètes, de couloirs dérobés, qui s'ouvrent à l'aide de ressorts invisibles; il y a certainement quelque chose de pareil sous jeu !... Ah ! je crois que je le tiens !

CUDDY, en dehors.

Le tenez-vous ?

EVAN.

Oui, oui, vite, de la lumière, Cuddy!

CUDDY, en dehors.

Attendez... en voilà.

EVAN, appuyant sur le ressort qu'il a découvert.

La porte s'ouvre!... Ah! par ma foi, de la lumière me trahirait... Où a passé ce charmant démon, je passerai bien.

(Il sort et referme la porte secrète, au moment où Cuddy reparaît avec la lumière.)

SCÈNE XI

CUDDY, une bougie à la main.

Tenez bien, monsieur!... tenez bien!... Ne lâchez pas surtout!... Me voilà!... Eh bien, où est-il? Votre Honneur! Miséricorde, il est entraîné!... Au secours!... A l'aide!... Ah!...

(Il pousse des cris affreux.)

ACTE QUATRIÈME

Un grand salon avec porte au fond. — Porte secrète s'ouvrant au milieu d'un panneau. — Porte de côté à droite et à gauche. — Portes dans les angles.

SCÈNE PREMIÈRE

EVAN, seul.

Il entre par le panneau.

M'y voici! (Regardant autour de lui.) Non! pas encore, à ce qu'il paraît, puisque je ne vois personne. N'importe, j'irai jusqu'à ce que je la trouve.

(Il traverse le théâtre sur la pointe du pied et sort par la porte opposée, premier plan, à droite.)

SCÈNE II

LA REINE, EDITH, entrant par la porte du fond.

EDITH.

Venez, venez, madame, et excusez la simplicité de la demeure; cette maison n'était pas destinée à recevoir une reine.

LA REINE.

Chère enfant, cette maison est un palais près de celle que nous habitions en Hollande.

EDITH, lui montrant un fauteuil, où la Reine s'assied.

Au moins peut-elle vous offrir ce que n'offrent pas toujours des palais : des cœurs loyaux... des âmes dévouées... Sir John Greenville a dû se rendre directement à Gravesend, où se trouve le roi, et l'inviter à se mettre en marche à l'instant même. Le roi, c'est convenu, remontera la Tamise sous un déguisement quelconque; une fois ici, son costume habituel, celui sous lequel on a coutume de le voir, l'attend dans ce cabinet; il le revêtira, montera à cheval, et, demain à la première heure, environné de tous nos amis, il apparaîtra dans les rues de Londres.

LA REINE.

Oh! je viens de les traverser, les rues de Londres. Tout est illuminé, et j'ai tressailli aux cris de « Vive le roi Charles II! »

EDITH.

Je ne sais pourquoi, mais j'ai tout espoir.

UN DOMESTIQUE, annonçant.

Le chevalier Voghan!

LA REINE, s'écriant.

Des nouvelles du roi! Qu'il entre! qu'il entre!

SCÈNE III

LES MÊMES, VOGHAN.

VOGHAN.

Oui, Votre Majesté, des nouvelles du roi, et de bonnes.

LA REINE.

Soyez le bienvenu, chevalier.

VOGHAN.

Monk est à nous, madame.

LA REINE.

En êtes-vous sûr?

EDITH, joignant les mains.

Ah! mon Dieu!

VOGHAN.

Il s'est enfin décidé. C'est sir John Greenville qui a apporté cette bonne nouvelle au roi, lequel s'est mis en route à l'instant même pour se rendre ici, dans cette maison, au milieu de nous. Je le précède d'une heure à peine.

LA REINE.

Il n'a rien dit de particulier pour moi?

VOGHAN.

Il m'a fait l'honneur de me remettre cette lettre.

(Il met un genou en terre et présente la lettre à la Reine, qui la prend vivement.)

LA REINE.

Merci, monsieur.

(Voghan remonte près d'Edith et s'entretient avec elle.)

EDITH.

Votre Majesté veut-elle donner congé à M. Voghan?

LA REINE.

Le chevalier veut déjà nous quitter?

EDITH.

Madame, on a vu bon nombre de gens se diriger vers la Tour, et il serait bon de surveiller ce qui se passe de ce côté.

VOGHAN.

Si j'ai besoin de me faire connaître des nôtres, quel est le mot d'ordre?

EDITH.

Placez dans votre phrase, et trouvez moyen de faire placer dans celle de votre interlocuteur, les trois mots : *Soleil, Versailles* et *Westminster*.

VOGHAN.

Je ne les oublierai pas.

(Il va pour se retirer.)

LA REINE, lui tendant la main.

Chevalier!

VOGHAN, un genou en terre, baisant la main de la Reine.

Votre Majesté me comble!

(Il sort. Edith l'accompagne.)

EDITH.

Vous trouverez dans la chambre à côté les comtes de Montrose, d'Atthole et d'Argyle.

LA REINE, tout en lisant.

Ces messieurs sont là?

EDITH.

Sa Majesté veut-elle leur faire l'honneur de les recevoir?

LA REINE.

Tout à l'heure... Restons un instant seules. J'ai besoin de respirer. Voyons, qu'as-tu fait depuis que nous nous sommes quittées?

EDITH.

Bien des choses! Tout n'a pas été de soi-même, allez, Votre Majesté. D'abord, mon frère est à Londres.

LA REINE.

Le colonel Hamilton?

EDITH.

Oui... Or, la première chose que j'ai faite a été d'aller me heurter à lui.

LA REINE.

De sorte que...?

EDITH.

De sorte qu'il a cru me reconnaître, qu'il m'a poursuivie, qu'il a été sur le point de m'atteindre. Mais, par bonheur, l'anguille a glissé entre les doigts du pêcheur. Votre Majesté me voit-elle faite prisonnière par lui, comme le général Lambert par le colonel Ingolsby, moi, l'âme de la conspiration?

LA REINE.

Tu as dû avoir bien peur, chère enfant?

EDITH.

Rien que d'y penser, j'en frémis encore; mais à quelque chose malheur est bon. J'ai fait une recrue.

LA REINE.

Le colonel Ingolsby, tu m'as dit cela.

EDITH.

Non, une autre encore; mais... de celle-là...

LA REINE.

Eh bien?

EDITH.

J'en parlerai plus tard à Votre Majesté.

LA REINE.

Tu rougis, Edith.

EDITH.

Oh! non.

LA REINE.

Et pourquoi ne m'en parles-tu pas tout de suite?

EDITH.

Bon! nous avons bien le temps! Puis, si je demande une récompense pour mon protégé, il faut qu'il l'ait gagnée... N'en parlons donc plus. Maintenant, Votre Majesté est ici en sûreté. A chaque coup de cette sonnette qui tintera, un de nos gentilshommes viendra se mettre à la disposition de Votre Majesté. Il y en a dix dans la chambre voisine, prêts à mourir pour elle. Votre main, madame. (La Reine la baise au front.) Oh! madame, voilà un baiser qui me fait plus que duchesse.

(Elle sort. La Reine la reconduit et redescend au fauteuil.)

SCÈNE IV

LA REINE, puis EVAN.

LA REINE, regardant Edith s'éloigner.

L'adorable enfant! Et quand on pense que là où le calcul et le génie ont échoué, le cœur réussira peut-être. (Elle relit la lettre du Roi d'une voix qui va s'éteignant.) « Tout va bien, madame, et vous êtes en vérité mon ange tutélaire. » Son ange tutélaire!... le serai-je longtemps?

(Elle reste rêveuse.)

EVAN, paraissant à la porte du fond.

Ah! cette fois, la voilà! Il paraît que nous avons joué à cache-cache. (Il s'approche sur la pointe du pied.) Me voilà!

LA REINE, se retournant et jetant un cri.

Ah!

EVAN.

C'est moi, n'ayez pas peur!

LA REINE.

Vous?

EVAN.

Oui, je comprends; vous ne vous attendiez point à me voir. Vous vous croyiez débarrassée de moi... Eh bien, pas du tout!

LA REINE.

Ah! par exemple! voilà une étrange apparition.

EVAN.

N'y comptiez-vous pas un peu, madame, à un moment ou à un autre?

LA REINE.

Mais, enfin, monsieur, j'espère que vous voudrez bien m'expliquer...

EVAN.

A quoi bon vous expliquer une chose que vous devinez parfaitement?

LA REINE.

Moi? Je vous jure que je ne devine absolument rien. (A part.) D'où vient cet homme? est-il des nôtres?

EVAN.

Eh bien, à force de chercher, j'ai trouvé le secret, j'ai poussé le ressort et la porte s'est ouverte.

LA REINE.

Quel secret? quel ressort? quelle porte?

EVAN.

La porte qui communique...

LA REINE, à part.

Est-ce un ami?

EVAN.

Eh bien, alors...

(Il se met à genoux.)

LA REINE.

Mais, d'abord, relevez-vous, monsieur; cette position à mes pieds est une offense, du moment qu'elle n'est pas un hommage.

EVAN.

Vous êtes bien sévère, madame, pour un homme qui croyait cependant avoir quelque droit à votre reconnaissance, et qui, ayant reçu cette bague en échange du service qu'il vous a rendu...

LA REINE.

Mais, en vérité, monsieur, savez-vous à qui vous parlez?

EVAN.

Je parle à l'esprit, à l'ange, au démon, à la fée, au lutin, à la femme que je poursuis, ou plutôt qui me poursuit depuis mon arrivée à Londres.

LA REINE.

Quoi!... moi, monsieur, je vous poursuis?... Mais il faut que vous soyez fou pour me dire de pareilles choses.

EVAN.

Eh bien, oui, je suis fou, j'en conviens... Je suis fou d'avoir cru qu'un dévouement dans lequel je risquais ma vie, éveillerait un sentiment de reconnaissance, si faible qu'il fût, dans le cœur de la femme qui en était l'objet! Je suis fou de vous suivre à travers les murailles, les portes secrètes, les escaliers dérobés, les appartements inconnus, où je me perds comme dans un labyrinthe, quand mes amis m'attendent, comptent sur moi, m'accusent peut-être de les trahir! Je suis fou, si j'y suis venu pour autre chose que pour vous dire: Reprenez cette bague, madame, qui, du moment où elle est niée par la main qui la donna, n'a plus d'autre valeur à mes yeux que celle de l'or et de la pierre précieuse qu'il enchâsse. Prenez, madame, prenez!

LA REINE.

Mais, monsieur, je ne puis prendre cette bague.

EVAN.

Pourquoi?

LA REINE.

Parce que je ne la connais pas, parce qu'elle n'a jamais été ma propriété, parce qu'elle ne vient pas de moi, enfin.

EVAN.

Vous ne la connaissez pas?... Ah! par exemple! vous la portiez à la main gauche, madame, à la même main que vous avez passée sous mon bras, quand vous avez réclamé ma protection sur la place de White-Hall... Elle n'est point votre propriété? elle ne vient pas de vous? Et qui donc l'a apportée dans ma chambre? qui l'a mise dans cette bourse? qui écrivait sur ma table quand je suis entré? qui s'est enfui en soufflant la bougie, et en laissant cette lettre inachevée?... Cette lettre, elle n'est pas de vous, non plus, n'est-ce pas, madame?

LA REINE.

Monsieur, ni mon rang ni ma dignité ne me permettent d'en entendre davantage.

EVAN.

Eh! madame, fussiez-vous duchesse!...

LA REINE, avec une suprême dignité.

Vous voyez bien, monsieur, que vous ne me connaissez pas.

(Elle sonne.)

EVAN, tout étourdi, et à lui-même.

Ah çà! voyons, est-ce que je rêve? Y a-t-il quiproquo?... Est-ce, en effet, une autre que celle...?

(Il regarde Montrose, qui entre.)

SCÈNE V

Les Mêmes, MONTROSE.

LA REINE.

Milord, entrez, je vous prie. Voici un homme qui sort je ne sais d'où, qui parle de service rendu, de reconnaissance que je lui dois, d'une bague que je lui ai donnée, d'une lettre que je lui ai écrite, de sa protection par moi invoquée sur la place de White-Hall, que je ne connais pas, sur laquelle je n'ai jamais mis le pied, puisque je suis depuis une heure à peine en Angleterre, et que c'est la première fois que j'y viens. Tâchez de savoir s'il se trompe de bonne foi ou s'il est fou. Je vous confie ce soin, milord, et je vous laisse.

(Elle sort. Evan l'a écoutée, stupéfait.)

SCÈNE VI

EVAN, MONTROSE.

MONTROSE, à part.

Un homme que la reine ne connaît pas! Comment, par où est-il entré? Sommes-nous trahis? Est-ce un espion? (Haut.) Monsieur... (A part.) Assurons-nous s'il est des nôtres et s'il a le mot d'ordre : *Soleil, Versailles, Westminster...* (Haut.) Votre Honneur pourrait-il m'apprendre quel est l'astre qui se lève en ce moment sur le ciel de l'Angleterre?

EVAN.

Dame, en ce moment, c'est la lune, Votre Honneur !

MONTROSE.

Ah ! très-bien !

EVAN, à lui-même.

Voilà, par ma foi, une singulière question ; mais, comme elle est faite poliment, il n'y a rien à dire. (Haut.) Est-ce tout ce que vous avez à me demander?

MONTROSE.

Deux petites choses encore sans aucune importance... Quel est votre nom?... Comment vous trouvez-vous ici ?

EVAN.

Je me trouve ici, parce que j'ai suivi le chemin... Enfin, parce que je me trouve ici... Quant à mon nom, j'ai d'autant moins l'habitude de le cacher qu'il n'est pas tout à fait inconnu... en Écosse, du moins. Je me nomme Evan, fils de Donald le Noir.

MONTROSE, à part.

Un covénantaire! Il ne sortira pas d'ici. (Haut.) Monsieur, c'est une grande joie pour moi d'entendre ce nom ; car, si j'ai bonne mémoire, c'est celui d'un des défenseurs les plus ardents de notre sainte Église presbytérienne.

EVAN.

En effet, Votre Honneur... et, si j'en juge par ces derniers mots, vous êtes aussi pour le parlement?

MONTROSE.

Parlementaire enragé!

EVAN.

Alors, partisan de M. Lambert?

MONTROSE.

Fanatique!

EVAN.

Comment, en ce cas, n'êtes-vous point avec ceux qui le delivrent à cette heure?

MONTROSE.

Ah! oui, oui... (A part.) C'est bon à savoir... (Haut.) Mais, vous-même, comment n'y êtes-vous pas ?

EVAN.

Parce que j'ai suivi cette dame qui prétend ne pas me connaître; mais, maintenant que je ne puis douter de son ingratitude...

(Il va à la porte secrète.)

MONTROSE, le retenant.

Où allez-vous?

EVAN, cherchant le bouton.

Rejoindre mes amis, avec lesquels j'avais rendez-vous au pont de Londres.

MONTROSE, avec inquiétude.

Pour, de là, vous porter sur la Tour?...

EVAN, cherchant toujours.

Oui, le rendez-vous était d'abord au Strand; mais il a été changé une première fois.

MONTROSE, à part.

Que faire? (Haut et vivement.) Ignorez-vous qu'il l'a été une seconde?

EVAN.

Ah!... Où donc est-il maintenant?

MONTROSE.

Ici. (A part.) Il ne m'échappera pas!

EVAN.

Ici?

MONTROSE.

Ici même... Savez-vous où vous êtes ici, mon cher monsieur?

EVAN.

Je ne m'en doute pas.

MONTROSE.

Eh bien, vous êtes chez le général Lambert.

EVAN.

Ah! c'est pour cela que la maison communique avec celle du colonel Hamilton?

MONTROSE.

Justement.

EVAN.

Tout s'explique, alors; mais, mon cher monsieur, cette dame...

MONTROSE.

Quelle dame?

EVAN.

Celle qui était ici tout à l'heure, et qui vous a appelé.

MONTROSE.

C'est sa femme.

EVAN.

La femme de qui?

MONTROSE.

Du général Lambert.

EVAN.

Sa femme? Ah! mon Dieu!... et moi qui ai cru... Je me trompais, évidemment...

MONTROSE.

Où diable vais-je l'enfermer?

EVAN.

Mais, enfin, elle n'est pas seule! Il doit y avoir une autre dame dans la maison?

MONTROSE.

Oui, sa fille.

EVAN.

La fille de cette jeune dame... Mais ce doit être une enfant, mon cher monsieur.

MONTROSE.

Elle est née d'un premier mariage.

EVAN.

Grande alors?

MONTROSE.

Vingt ans.

EVAN.

Belle?

MONTROSE.

Charmante!

EVAN.

C'est celle-là! Je ne m'étonne plus que l'autre n'ait rien compris à tout ce que je lui disais... Je ne m'étonne plus qu'elle vous ait appelé!

MONTROSE, allant à l'une des portes d'angle.

C'est un bonheur, puisque nous nous trouvons être du même parti et défendant la même cause. (A part.) Il sera très-bien là dedans.

EVAN, distrait.

Ainsi, ce n'est plus du Strand, ce n'est plus du pont de Londres que nous partons; c'est d'ici?

MONTROSE, lui prenant le bras.

D'ici même... Voici la chambre où ces messieurs vont se

réunir pour discuter le plan de surprise... Entrez-y un instant; vous n'y serez pas longtemps seul.

EVAN.

Et l'autre dame, la jeune, la jolie, celle qui a vingt ans, pourrai-je la voir?

MONTROSE.

Pardieu! c'est elle qui va nous donner les écharpes qui doivent nous servir de signe de reconnaissance.

EVAN.

Alors...

MONTROSE.

Oui, oui, entrez, entrez vite!

EVAN, se frappant le front.

La femme du général Lambert!... Je comprends maintenant qu'elle m'ait cru fou!

(Il entre dans la chambre; Montrose referme sur lui la porte à double tour.)

MONTROSE.

La chambre n'a pas d'autre issue, si ce n'est une fenêtre qui donne sur la Tamise, et encore elle est grillée. Ma foi, il aura de la chance s'il s'échappe.

(Il va pour ouvrir la porte du fond.)

SCÈNE VII

MONTROSE, LA REINE, puis EDITH, SEIGNEURS.

MONTROSE.

Ah! c'est vous, madame!

LA REINE.

Eh bien, milord, qui est ce jeune homme? que veut-il? d'où vient-il? le savez-vous?

MONTROSE.

Ce jeune homme, madame, est un ennemi ou un traître.

LA REINE.

Que dites-vous!

MONTROSE.

Je me suis assuré de sa personne, il est là.

LA REINE.

Et qu'allez-vous faire de lui?

MONTROSE.

Ce qu'en temps de révolution, on fait d'un traître ou d'un ennemi, madame.

LA REINE.

Oh ! vous m'effrayez, milord !

MONTROSE.

Madame, nos dangers sont grands, les circonstances impérieuses, et, en politique, il n'y a pas de demi-mesures... voilà mon avis! pieds et poings liés, un bâillon à la bouche et dans la Tamise... (Il ouvre la porte du fond.) Milords!

(Il sort vivement.)

EDITH.

Qui, dans la Tamise?

LA REINE.

Ah! te voilà, Edith... Qu'on l'enferme, qu'on s'assure de lui, qu'on le retienne prisonnier; mais qu'on ne le tue pas! oh! qu'on ne le tue pas! cela nous porterait malheur.

EDITH.

Le tuer ! mais qui ?

EVAN, dans la chambre.

Monsieur ! monsieur !

EDITH.

Sa voix!

LA REINE.

Tu connais ce jeune homme?

EDITH.

C'est lui !

LA REINE.

Qui, lui?

EDITH.

Ce protégé à moi dont j'ai parlé à Votre Majesté.

LA REINE.

Edith, tu aimes ce jeune homme?

EDITH.

Madame...

LA REINE.

Tu l'aimes?

EDITH.

Puisque Votre Majesté l'a deviné...

LA REINE.

Eh bien, sauvons-le! sauvons-le!

(Edith court à la porte, qu'elle ouvre.)

EVAN.

Corbleu! est-ce ainsi...? (Apercevant la Reine, et à lui-même.) Tiens! madame Lambert.

EDITH, prenant le bras d'Evan.

Silence!

EVAN, à part.

Et sa fille!... (Haut.) Ah! cette fois, c'est vous! je vous tiens!

EDITH.

Oui, c'est moi, moi qui vous ai demandé votre protection sur la place de White-Hall, moi pour qui vous avez mis l'épée à la main.

EVAN.

Laissez-moi d'abord vous regarder; il y a assez longtemps que j'ai envie de vous voir.

EDITH.

Dépêchez-vous... Eh bien ?

EVAN.

Eh bien, vous êtes charmante, tout simplement.

EDITH.

Maintenant, fuyez!

EVAN.

Comment?

LA REINE.

Fuyez, monsieur!

EVAN.

Comment, que je fuie?

LA REINE.

Par où vous êtes venu.

EDITH.

Par là.

EVAN.

Permettez! je suis du complot, moi... du complot pour délivrer le général Lambert.

EDITH.

Allez donc, je vous accompagne.

EVAN.

Vous?

EDITH.

Oui.

EVAN.

Vous? (A part.) Elle me dit cela devant sa mère!

EDITH.

Allez!

EVAN.

Je vous avertis que, si vous me trompez, je reviens... Je connais le secret.

(Il sort par la porte secrète.)

MONTROSE, entrant avec Voghan et des Seigneurs, et courant à la porte du cabinet où était Evan.

Vous l'avez sauvé, madame! et savez-vous ce que vous avez fait? Nous avons été trahis, livrés par cet homme sans doute. Le général Lambert est délivré; dans une heure, il sera à la tête de dix mille soldats. Cette maison a été désignée comme devant servir d'asile au roi!

EDITH et LA REINE.

Grand Dieu!

EDITH.

Si le roi arrivait!

LA REINE.

Tout est perdu!

EDITH.

Non, madame, non; pas encore peut-être... Le roi, je l'espère, n'a pas encore franchi l'enceinte de Londres; il ne s'agit que de gagner du temps.

EVAN, reparaissant par la porte secrète.

Je vous avais dit que je reviendrais.

EDITH.

Oh! quelle idée! (A Evan.) Merci de ce que vous venez de faire.

EVAN.

Eh bien?

EDITH.

Oui, vous nous avez déjà été très-utile.

EVAN.

Ah bah!

EDITH.

Mais vous pouvez l'être bien davantage encore. Maintenant que vous me connaissez, êtes-vous prêt à m'obéir aussi exactement et aussi promptement que quand vous ne me connaissiez pas ?

EVAN.

Pour vous, je suis prêt à descendre dans l'enfer ou à escalader le ciel.

EDITH.

Aveuglément ?

EVAN.

Sur un seul mot de vous.

Edith passe lentement devant Evan, regarde la Reine et se dirige vers la porte, au deuxième plan de gauche.)

EDITH.

Passez dans cette chambre.

EVAN.

Comment! encore ?... (Faisant quelques pas et s'arrêtant.) Je vous ferai observer que je sors de celle-là, et qu'on m'y a laissé très-longtemps ; qu'ensuite vous m'avez fait entrer ici...

EDITH.

Passez dans cette chambre.

EVAN.

Après ?

EDITH.

Vous y trouverez un pourpoint de velours noir, brodé de jais.

LA REINE, bas, à Montrose.

Le costume du roi, messieurs.

EVAN.

Bon !

EDITH.

Un manteau.

EVAN.

Bien !

EDITH.

Vous les mettrez.

EVAN.

A quoi bon ?

EDITH.

Ah ! si on vous le dit, il n'y a plus de mérite !

EVAN.

C'est juste.

EDITH.

Allez et revenez ainsi vêtu!

EVAN.

Mais je vais avoir l'air d'un royaliste.

EDITH.

Qu'importe! pourvu que vous restiez parlementaire au fond du cœur?

EVAN.

Au fait, l'habit ne changera pas mes principes.

EDITH.

Hâtez-vous!

(Evan entre dans la chambre.)

LA REINE, tendant la main à Edith.

Je t'avais devinée...

EDITH, à un Domestique qui se tient au fond.

Un mot à mes gens pour qu'ils donnent le change aux soldats... (Atthole et sir John sortent.) Et maintenant (elle va ouvrir la porte secrète), passez la première, madame. (La Reine sort.) Vous, milords...

(Montrose sort.)

VOGHAN.

Mais vous?

EDITH.

Moi, je suis de l'arrière-garde... Ne faut-il pas que je donne la consigne à ma sentinelle perdue?

(Voghan sort.)

EVAN, sortant du cabinet.

Le fait est que, si le mérite consiste à obéir sans comprendre... Eh bien, il n'y a plus personne!

EDITH, entr'ouvrant la porte secrète.

Si!... Demeurez là... Ne montrez aucune surprise... N'opposez aucune résistance, et, quoi qu'il arrive, ne vous inquiétez de rien... On veille sur vous.

EVAN.

Qui?

EDITH, lui tendant la main.

Quelqu'un... qui vous aime.

EVAN, se précipitant sur la main d'Edith, et l'embrassant avec transport.

Oh!... cette main!...

(Des pas précipités se font entendre. — Edith retire vivement sa main. — La porte secrete se referme aussitôt. — Des Gardes paraissent, conduits par un Capitaine.)

SCÈNE VIII

EVAN, LE CAPITAINE, GARDES.

LE CAPITAINE.

Il est ici! C'est lui!... le voilà!...

EVAN, à part.

Je n'y comprends rien... Mais je suis bien heureux de continuer à lui être utile.

LE CAPITAINE, marchant droit à Evan.

Sire, votre épée!

EVAN.

Hein?... C'est à moi que vous parlez, monsieur?...

LE CAPITAINE.

A vous, sire!

EVAN, à lui-même.

Elle m'a recommandé de ne m'étonner de rien; mais ceci ne laisse pas de me surprendre un peu, je l'avoue.

LA CAPITAINE, montrant ses hommes.

Toute résistance est inutile, vous le voyez.

EVAN.

Parfaitement. J'ajoute même qu'elle est défendue... Aussi me bornerai-je à vous prier de me dire...

LE CAPITAINE.

Votre épée, sire!

EVAN.

Encore un qui n'aime pas les explications.

LE CAPITAINE.

J'attends...

EVAN.

Prenez garde, monsieur! Si je me pique au jeu, je suis capable de vous la rendre... et sans éclaircissement encore...

LE CAPITAINE.

Rendez-la donc!

EVAN.

Ah! parbleu! puisque vous y tenez tant, la voilà.

LE CAPITAINE.

Maintenant, à White-Hall, messieurs. Chacun de vous répond du prisonnier sur sa tête !

EVAN.

Eh bien, elle a beau dire, cela n'ôterait rien au mérite du sacrifice, de savoir pourquoi on le fait.

ACTE CINQUIÈME

La chambre de White-Hall où le roi Charles Ier a passé sa dernière nuit.

SCÈNE PREMIÈRE

EVAN seul, assis et pensif.

« Sire, rendez-moi votre épée ! » Dans un moment où l'Angleterre est en république, et où il y a peine de mort contre tout membre de la famille de Charles Ier qui y remet le pied, ces cinq mots me paraissent graves, surtout suivis de ceux-ci, qui me paraissent non moins graves : « Conduisez le prisonnier à White-Hall; chacun de vous m'en répond sur sa tête!...» Ainsi, je suis à White-Hall !... Qui m'eût dit hier au soir, lorsque, du dehors, j'examinais cette fenêtre, la troisième, que ce matin, je pourrais l'examiner du dedans. Au reste, mon inconnue n'aura pas à se plaindre, j'espère. J'ai exécuté de point en point la consigne donnée. « Laissez-vous faire!» Je me suis laissé faire. « N'opposez aucune résistance. » Je n'en ai opposé aucune. « Ne vous étonnez de rien... » Ah ! ici, avec toute la bonne volonté du monde, je n'ai pas pu lui obéir. Je m'étonne de tout, au contraire ! D'abord, du rôle qu'elle m'a distribué; en second lieu, du profit qu'en peut tirer la cause que je suis venu servir, et particulièrement de ce qu'elle me laisse ainsi sans me donner de ses nouvelles. (Appelant.) Capitaine !... Au fait, pourquoi ne m'informerai-je pas ? Quoique sévères pour moi, mes gardiens ne sont pas grossiers. (Appelant.) Capitaine !

SCÈNE II

EVAN, LE CAPITAINE qui l'a arrêté.

LE CAPITAINE.

Vous avez appelé, sire ?

EVAN.

Oui... pardon si je vous dérange. (Le Capitaine s'incline, mais froidement.) Il n'est pas venu une dame pour s'informer de moi, savoir ce que j'étais devenu ?

LE CAPITAINE.

Vous attendiez une dame ?

EVAN.

C'est-à-dire oui et non... Elle ne m'avait pas dit positivement qu'elle dût venir. Néanmoins, il était probable... Enfin, il n'est venu personne ?

LE CAPITAINE.

Si fait, sire : l'homme que vous avez demandé.

EVAN.

Quel homme ?

LE CAPITAINE.

N'avez-vous point dit que vous seriez aise d'avoir votre valet près de vous ?

EVAN.

Si fait. Mais il m'avait été répondu d'une façon assez sèche que la chose présentait de grandes difficultés.

LE CAPITAINE.

Oui ; mais, sur ma demande, le conseil s'est assemblé. Il a été décidé que, cette faveur ayant été accordée au roi Charles Ier, votre père, et la position étant identique, elle devait vous être accordée à vous.

EVAN, gravement préoccupé

Au roi Charles Ier, mon malheureux père... Oui, il avait demandé...

LE CAPITAINE.

Que son domestique Parry ne le quittât plus jusqu'au dernier moment. En effet, Parry fut amené dans cette chambre et ne quitta plus le roi.

EVAN.

Comment savez-vous cela ?

LE CAPITAINE.

Je fus de garde, alors, à la porte du père, comme je le suis aujourd'hui à la porte du fils. Et c'est parce que l'on savait pouvoir compter sur ma vieille fidélité, que j'ai été choisi pour vous arrêter, vous conduire ici, et veiller sur vous jusqu'au moment...

EVAN.

Oui... je connais le moment. Alors, je suis bien dans la chambre habitée par Charles Ier ?

LE CAPITAINE.

Je l'ai vu plus d'une fois s'asseoir dans ce fauteuil où vous êtes assis. (Evan se relève vivement.) Je l'ai vu plus d'une fois s'agenouiller sur ce prie-Dieu...

EVAN.

Ah !... Et qu'étiez-vous du temps du roi Charles Ier ?

LE CAPITAINE.

J'étais simple sergent.

EVAN.

Et vous êtes capitaine ?

LE CAPITAINE.

Milord protecteur m'honorait de sa confiance, et, après lui, M. Lambert a toujours été excellent pour moi. Ne vous étonnez donc pas de ma fidélité à le servir.

EVAN.

Non-seulement je ne m'en étonne pas, mais encore je vous en félicite, mon ami ; et moi-même, tenez !... Bon ! qu'allais-je dire ?... Ainsi, vous connaissez le général Lambert ?

LE CAPITAINE.

J'ai été six mois attaché à sa personne.

EVAN.

Et, pendant ces six mois, vous avez pu pénétrer dans son intérieur ?

LE CAPITAINE.

Familièrement.

EVAN.

Donc, vous connaissez sa femme, sa fille... Sa femme, un peu sévère... Mais sa fille, hein ?... quelle charmante enfant !

LE CAPITAINE.

Mais de qui parlez-vous ?

EVAN.

De la femme et de la fille du général Lambert, pardieu !

LE CAPITAINE.

Le général Lambert est veuf et n'a jamais eu d'enfants.

EVAN.

Hein?

LE CAPITAINE.

J'ai l'honneur de dire à Votre Majesté que le général Lambert est veuf et n'a jamais eu d'enfants.

CUDDY, en dehors.

Mais laissez-moi donc entrer près de mon maître. Vous savez bien que la permission m'est accordée, n'est-ce pas?

EVAN.

C'est Cuddy, je reconnais sa voix. Capitaine, vous avez dit...

LE CAPITAINE.

Laissez entrer ce garçon. Votre Majesté n'a pas d'autre désir à exprimer?

EVAN.

Non; du moment que le général Lambert est veuf et n'a jamais eu d'enfants...

LE CAPITAINE.

Jamais.

EVAN.

Alors, c'est bien, capitaine. Vous pouvez vous retirer. (Avec un soupir.) C'était tout ce que je désirais savoir.

(Le Capitaine salue et sort.)

SCÈNE III

EVAN, CUDDY.

CUDDY.

Eh bien, Votre Honneur?

EVAN.

Eh bien, mon pauvre Cuddy!

CUDDY

Vous voilà donc?...

EVAN.

Oui, me voilà.

CUDDY.

Qu'est-il donc arrivé? Vous me criez: « Je le tiens! » Je vous réponds: « Ne le lâchez pas... » Vous me répliquez:

« Sois tranquille; de la lumière, vite, vite, vite! » J'accours avec une bougie. Plus personne !

EVAN.

C'est vrai! Tu as dû être bien étonné, mon pauvre garçon?

CUDDY.

Abasourdi, Votre Honneur !... Mais par où êtes-vous donc passé ?

EVAN.

A travers la muraille.

CUDDY.

A travers la muraille!... Et qui a pu vous déterminer à suivre un chemin si peu pratiqué ?

EVAN.

Je m'étais juré à moi-même de savoir qui elle était.

CUDDY.

Qui, elle ?

EVAN.

Mais la dame de la place!... mais la dame de la bague!... mais la dame de la lettre !...

CUDDY.

Le savez-vous au moins maintenant, qui elle est?

EVAN.

Moins que jamais, mon ami... Un instant j'ai cru savoir... Mais, d'après ce que vient de me dire le capitaine...

CUDDY.

Alors, c'est elle qui vous a conduit ici?

EVAN.

Non, elle s'est contentée de m'y faire conduire.

CUDDY.

Mais, enfin, Votre Honneur, ici, où êtes-vous?

EVAN.

Au palais de White-Hall, mon ami; y comprends-tu quelque chose ?

CUDDY.

Ma foi, non !

EVAN.

Eh bien, on m'y a installé cette nuit, pendant que nous délivrions, ou après que nous avons eu délivré M. Lambert.

CUDDY.

Vous l'avez délivré?

EVAN.

Pas moi, précisément. Mais j'eusse certainement aidé à le délivrer, si je n'avais pas eu la malheureuse ou l'heureuse idée, je n'en sais rien, de remonter pour la voir... pour la surprendre. C'est alors que je l'ai trouvée assise à ma table, écrivant cette lettre, tiens! où elle me promet la gloire et la fortune.

CUDDY.

Mais, monsieur, comment écrivait-elle, dans l'obscurité, sans lumière?

EVAN.

Il y avait une lumière, mais elle l'a éteinte... C'est alors que je l'ai suivie dans les ténèbres à travers la muraille, et que je me suis trouvé chez M. Lambert.

CUDDY.

Chez M. Lambert?

EVAN.

Oui... où il paraît que je lui ai rendu un grand service.

CUDDY.

A M. Lambert?

EVAN.

Mais oui... à M. Lambert. Mon Dieu! que tu as donc le crâne épais, mon pauvre garçon!

CUDDY.

Votre Honneur en sait plus que moi.

EVAN.

Plus que toi, Cuddy?... Non, pas beaucoup plus.

CUDDY.

Mais, moi, monsieur, je pourrais en savoir davantage.

EVAN.

Comment cela?

CUDDY.

En m'informant... Vous savez ce que l'on dit, ce matin?

EVAN.

Comment veux-tu que je le sache, n'étant pas sorti?...

CUDDY.

Eh bien, Votre Honneur, on dit que le roi Charles II est débarqué à Douvres; qu'il est venu par terre jusqu'à Gravesend; que M. Monk est pour lui... avec son armée, et que lui et M. Monk marchent sur Londres. Voilà ce que l'on dit.

EVAN.

Diable!

CUDDY.

Eh bien, vous comprenez, monsieur, je sors, je m'informe. Je n'ai pas ma langue dans ma poche, vous le savez bien.

EVAN.

Oui ; seulement, il y a un malheur, mon pauvre garçon.

CUDDY.

Lequel?

EVAN.

C'est qu'on ne te laissera pas sortir.

CUDDY.

Comment, on ne me laissera pas sortir?

EVAN.

Non.

CUDDY.

Mais je suis donc prisonnier ici?

EVAN.

Je le suis bien, moi ; et, comme j'ai l'habitude de t'avoir toujours à mes côtés, j'ai songé à te faire mettre sous clef.

CUDDY.

Grand merci!

EVAN.

Vois-tu, mon ami, le roi Charles Ier avait avec lui un domestique nommé Parry. Eh bien, ce domestique, qui était à White-Hall comme tu y es... n'en est sorti qu'au moment...

CUDDY.

Est-ce qu'il est venu le moment?... Ah çà ! monsieur... on ne va pas vous...

EVAN.

Je l'espère. Cependant, à l'air du capitaine... Il est vrai que c'est un parlementaire enragé... qui doit tout à milord protecteur et à M. Lambert!

(On entend crier au loin : « Vive le Roi! »)

CUDDY.

Monsieur! monsieur! on crie dans la rue; ne l'entendez-vous pas?

EVAN.

Si fait. (A part.) Est-ce que je ferais mon entrée à Londres? Ce serait l'occcasion de m'accorder une amnistie.

CUDDY.

Oh! monsieur, tout le monde court du côté de la Cité...

EVAN.

J'aimerais mieux que l'on vînt par ici. (Le Capitaine entre précipitamment et s'incline à plusieurs reprises devant Evan.) N'importe, il paraît que ma position s'améliore, si j'en juge par le changement qui s'est opéré dans les manières du capitaine. (Haut.) Puisque vous voilà, monsieur, je voudrais vous prier d'une chose.

LE CAPITAINE.

Sire, ne suis-je point ici pour vous obéir?

CUDDY, bas.

Monsieur, monsieur, il vous appelle sire...

EVAN.

Oui, depuis hier... Capitaine, je désirerais que mon domestique pût sortir... Oh! pour un instant.

LE CAPITAINE.

Pour le temps qu'il plaira à Votre Majesté.

CUDDY.

Monsieur, monsieur, on vous appelle Majesté.

EVAN.

Je vous demanderais bien la même faveur pour moi; mais je craindrais que cela ne fût pas parfaitement d'accord avec votre consigne.

CUDDY.

Mais, monsieur, on vous prend donc pour le roi?

EVAN.

Oui, depuis hier... Cela ne te regarde pas.

CUDDY.

Vous vous faites passer pour le roi?...

EVAN.

Cela ne te regarde pas.

CUDDY.

Quelle étrange fantaisie!...

EVAN.

Ce n'est pas moi qui l'ai eue. Descends, reviens vite, et dis-moi ce qui se passe.

(Cuddy sort.)

SCÈNE IV

EVAN, LE CAPITAINE.

Merci, capitaine.
LE CAPITAINE.
Sire, je ne fais que mon devoir de fidèle sujet.
EVAN.
Comment!... de fidèle sujet du parlement?
LE CAPITAINE.
Non, sire : du roi... et j'espère que Votre Majesté daignera se rappeler que, tout en l'arrêtant, tout en la retenant prisonnière, j'ai toujours conservé pour elle les égards qui lui étaient dus.

EVAN.
Certainement. D'ailleurs, vous faisiez votre devoir; et votre dévouement à milord protecteur et, après lui, à M. Lambert, n'a rien que d'honorable.
LE CAPITAINE.
Sire, croyez-le... j'ai bien souffert d'être forcé d'obéir à des factieux.
EVAN.
Ah! ah!
LE CAPITAINE.
On a violenté ma conscience, sire. On m'a forcé d'accepter successivement les grades de sous-lieutenant, de lieutenant et de capitaine. Tenez, mon frère, de son côté, n'a point été respecté dans ses opinions. On l'a forcé d'accepter le gouvernement de la Tour... Votre Majesté sait que l'on n'osait rien refuser à ce protecteur.
EVAN.
Je vois que vous avez été victime, capitaine.
LE CAPITAINE.
Votre Majesté l'a dit : victime! et je crois que le seul grade de major peut effacer...
EVAN.
Vous croyez que ça effacera?...
LE CAPITAINE.
J'en suis sûr... Si Votre Majesté daignait me nommer major!

EVAN.

Croyez-vous que je le puisse?

LE CAPITAINE.

Qui en empêche Votre Majesté? Au seul nom du roi, les soldats du général Lambert se sont dispersés. M. Monk vient de faire dans Londres une entrée triomphale. Il est en ce moment à Temple-Bar. Il marche sur White-Hall, et, dans un quart d'heure, Votre Majesté n'aura plus d'ennemis.

EVAN.

Capitaine, je vous nomme major!

LE CAPITAINE.

Oh! sire!

EVAN, à part.

S'il n'a jamais d'autre brevet que celui-là!...

LE CAPITAINE, aux Gardes rangés dans l'antichambre.

Messieurs, le roi m'a nommé major... Vive le roi!

SCÈNE V

Les Mêmes, HAMILTON.

HAMILTON.

Qu'est-ce que ce cri, messieurs?... Aurais-je affaire à des traîtres? Ordre du général Lambert de me remettre le roi. Voici l'ordre.

LE CAPITAINE.

Ouais! me serais-je trop pressé?

EVAN, avec joie.

Le colonel Hamilton!... Je vais donc avoir des nouvelles positives...

HAMILTON.

Sire, il faut monter à cheval et me suivre.

EVAN.

Ah çà! vous aussi, vous m'appelez sire?

HAMILTON.

Evan!

EVAN.

Ah! vous me reconnaissez, vous? C'est bien heureux! Comment! vous ne me prévenez pas que vous me logez dans un appartement où il y a des portes secrètes, des armoires qui tournent, des escaliers dérobés!

HAMILTON.

Êtes-vous devenu fou?

EVAN.

Vous vous expliquez maintenant pourquoi je m'obstinais à croire que vous étiez marié?.

HAMILTON.

Mais le roi?

EVAN.

Imaginez donc que j'ai trouvé le secret et poussé le ressort... que je l'ai suivie; que je me suis trouvé dans la maison à côté de la vôtre; que j'y ai rencontré une femme; que l'on m'a dit que j'étais dans la maison du général Lambert...

HAMILTON.

Le roi! le roi! Je vous demande où est le roi!

EVAN.

Laissez-moi donc dire... Du moment que c'était la maison du général Lambert, j'ai compris... Je me suis dit : « La maison du général Lambert touche à celle du colonel Hamilton. Il n'y a rien d'étonnant à cela, puisque le colonel Hamilton est le bras droit du général Lambert... ou plutôt son bras gauche depuis que j'ai eu la maladresse... »

HAMILTON.

Malheureux! me direz-vous enfin où est le roi?

EVAN.

Mais je suis en train de vous le dire. Oui, j'ai compris tout cela... très-bien compris, jusqu'à ces mots : « Sire, votre épée! » J'ai obéi. J'ai rendu mon épée, parce qu'elle m'avait bien recommandé de ne faire aucune résistance. Mais, tout en obéissant, dame!... j'avoue qu'à partir de ce moment, tout s'est embrouillé... et que je n'y comprends plus absolument rien.

HAMILTON.

Alors, c'est vous que l'on a arrêté?

EVAN.

Mais oui, c'est moi!

HAMILTON.

A la place du roi?

EVAN.

Sans doute, à la place du roi.

HAMILTON.

En effet, ce costume...

EVAN.

Je ne voulais pas le mettre... Mais on m'a dit que c'était pour le bien de la cause.

HAMILTON.

Mais qui vous a arrêté?

EVAN.

Le capitaine.

HAMILTON.

Par ordre de qui?

EVAN.

Par ordre de M. Lambert.

HAMILTON.

Mais si c'est vous qui êtes arrêté...

EVAN.

Parbleu! si je le suis... vous le voyez bien!...

HAMILTON.

Le roi ne l'est pas, alors?

EVAN.

Mais certainement, puisqu'il rentre dans Londres à la tête de l'armée de M. Monk...

HAMILTON.

Ah! nous avons été joués, trahis, dupés! Mais tant que son épée reste à un homme de cœur...

(Il va pour sortir.)

EVAN.

Où allez-vous?

HAMILTON.

Me faire tuer, s'il le faut!

EVAN.

Allons donc! et vous croyez que je souffrirai...?

HAMILTON.

Place !

EVAN.

Vous ne sortirez pas ! (Lui sautant au collet.) Non, non, non !

SCÈNE VI

Les Mêmes, CUDDY.

CUDDY, entrant tout effaré.

Le roi ! le roi, Votre Honneur !

EVAN.

Le roi, ici ?

CUDDY.

Ici, ici, à White-Hall même.

EVAN.

Que vient-il faire ?

CUDDY.

Je n'en sais rien ; mais il vient, voilà ce que je sais...

EVAN, à Hamilton, qui brise son épée.

Que faites-vous ?

HAMILTON.

Ni rendue... ni vendue...

(Après avoir brisé son épée, il la jette à terre.)

SCÈNE VII

Les Mêmes, puis MONTROSE, puis CHARLES, puis LA REINE, EDITH et TOUTE LEUR SUITE.

On crie : « Vive le Roi ! »

MONTROSE, perçant la foule.

Place au roi, messieurs !

EVAN.

Comment le roi ici ?

MONTROSE.

Le roi a voulu, messieurs, que sa première visite fût pour White-Hall, la dernière halte faite par son père entre la terre et le ciel.

(Il remonte et va se placer près des Gardes qui garnissent le fond du théâtre. — Evan et Cuddy se sont un peu effacés derrière la cheminée. — Hamilton est pensif de l'autre côté de la cheminée, près de la porte. — Le Roi entre seul ; arrivé sur le seuil, il se découvre.)

CHARLES.

Salut, chambre funèbre et sacrée où mon père a passé la nuit suprême ; où, enfant, j'ai été conduit pour entendre ses dernières recommandations et recevoir ses derniers baisers. Oui, elle est bien telle que me la rappelaient mes souvenirs. Voici le fauteuil où le martyr était assis, où il nous reçut des mains de ma mère, nous plaça, ma sœur et moi, chacun sur un de ses genoux, et où il nous bénit tous deux avec des larmes et des sanglots... Mon Dieu ! permettez que je n'oublie jamais ce terrible moment... non pour punir... mais pour pardonner !... (Il appuie sa tête sur le dossier du fauteuil et pleure. Puis il la relève lentement.) Voici le prie-Dieu où il s'est agenouillé, quand on est venu lui dire que tout était fini et qu'il était temps de marcher à la mort. Voici la fenêtre, la fenêtre terrible qui a été pour lui la porte de l'éternité ; ses derniers pas ont foulé cette dalle de marbre. (Il s'agenouille.) Je ferai de cette dalle de marbre la table sainte d'un autel.

(Il baise la dalle et se relève.)

MONTROSE.

La reine !

(Deux Pages entrent et se placent de chaque côté de la porte, puis la Reine paraît. Edith et les Dames d'honneur se rangent à droite.)

EVAN.

Ah ! c'était la reine !

CHARLES.

Entrez, messieurs !

(Entrent Voghan, lord Greenville et autres Partisans.)

EVAN.

Pardon, sire : s'il est permis à ces messieurs d'entrer, nous est-il permis de sortir, à nous ?

CHARLES.

Qui donc êtes-vous ?

(Evan va pour répondre. Hamilton l'écarte du geste après avoir salué Charles II.)

HAMILTON.

Sire, je suis le colonel George Hamilton. (Edith fait un geste suppliant à la Reine. — Celle-ci semble la rassurer.) J'ai combattu contre vous en 1651. Depuis ce temps, je suis resté fidèle soldat de milord protecteur et du général Lambert... et je viens de m'opposer de tout mon pouvoir à votre retour en Angleterre et à votre rentrée à Londres.

EDITH, à voix basse et s'adressant au Roi et à la Reine.

Oh ! sire !...

CHARLES.

Vous vous trompez, milord, vous n'êtes rien de tout cela. Vous êtes le frère de miss Edith Hamilton, la fidèle amie de la reine, à laquelle je dois la meilleure part du trône sur lequel je vais m'asseoir, et dont je vous offre d'être un des soutiens.

HAMILTON.

Merci, sire !

(Il va pour se retirer.)

CHARLES.

Vous refusez ma faveur, vous refusez mon amitié... vous refusez ma main !

HAMILTON, après un temps de silence, s'incline respectueusement et baise la main du roi ; puis, d'une voix émue.

Dieu vous garde, sire !

(Il sort.)

CHARLES.

Messieurs, saluez cet homme ! Vous n'en verrez pas beaucoup qui en fassent autant que lui.

(Evan va pour suivre Hamilton.)

SCÈNE VIII

Les Mêmes, hors HAMILTON.

EDITH, arrêtant Evan.

Eh bien, où allez-vous?...

EVAN, avec un cri de surprise.

Ah! mon inconnue!

EDITH.

Donnez-moi la main... Bon! allez-vous me refuser, comme a fait mon frère au roi?

EVAN.

Votre frère?...

EDITH.

Allons! (Au Roi.) Sire, j'ai l'honneur de présenter à Votre Majesté sir Evan Mac Donald, dont le dévouement, dans votre restauration, qui vient de s'accomplir si heureusement, nous a rendu de si grands services.

CHARLES.

Comment! monsieur, c'est vous qui avez protégé miss Edith et donné un coup d'épée au colonel Hamilton?

EVAN.

Oui, sire... à mon grand regret même...

EDITH, bas.

Taisez-vous!

CHARLES.

C'est vous qui nous avez prévenus du coup de main que l'on tentait en faveur du général Lambert?

EVAN.

Sire, je croyais parler à des amis.

EDITH, de même.

Taisez-vous!

CHARLES.

Enfin, c'est vous qui avez consenti à revêtir ce costume et

à passer pour moi ; à vous faire arrêter à ma place... et dans un moment où, à me rendre un pareil service, vous risquiez votre tête ?...

EVAN.

Sire, j'ai fait tout cela, c'est vrai ; mais je vous jure...

EDITH, bas.

Taisez-vous donc, pour l'amour de Dieu !

CHARLES.

Messieurs, je vous le demande à tous... (à la Reine) et à vous particulièrement, madame... que mérite un pareil dévouement ?

LA REINE.

Il a été illimité, sire ! Impossible de se dévouer plus aveuglément que ne l'a fait sir Evan... Que la récompense elle-même soit donc illimitée !

CHARLES.

Vous avez entendu, sir Evan ? Fixez vous-même votre récompense.

EVAN.

Comment ! sire, vous me laissez le champ libre ?

CHARLES.

Entièrement.

EVAN.

Je puis demander... ce que je voudrai ?...

CHARLES.

Pourvu que ce que vous demanderez soit au pouvoir du roi.

EVAN.

Eh bien, sire, je vous dirai que, depuis que j'ai mis le pied à Londres... j'ai été tourmenté par un démon qui s'est attaché à mes pas, et m'a fait faire tout le contraire de ce que je voulais... par un lutin qui a passé à travers les murailles, les portes, les serrures, pour me faire renier ma foi, perdre l'esprit, risquer mon âme... par une fée d'autant plus dangereuse, qu'elle est la plus spirituelle, la plus charmante, la plus adorable des femmes. Eh bien, sire, de ce démon, de ce lutin, de cette fée, de cette femme, je voudrais me venger, mais longuement, à mon loisir, à ma fantaisie. Sire, exigez d'elle qu'elle me prenne pour mari.

CHARLES, à Edith.

Vous avez entendu, miss Edith... Que dois-je faire ?

EDITH.

Sire, un roi n'a qu'une parole.

CHARLES.

Ainsi, malgré de pareilles intentions...?

EDITH.

Sire, avec l'aide de Dieu, je tâcherai de me défendre.

FIN DU TOME VINGT-DEUXIÈME

F. Aureau. — Imprimerie de Lagny.

www.ingramcontent.com/pod-product-compliance
Lightning Source LLC
Chambersburg PA
CBHW070530170426
43200CB00011B/2382